Heidelberg
mit Neckarsteig

Norbert Forsch

GPX-Daten zum Download

www.kompass.de/wanderfuehrer

Kostenloser Download der GPX-Daten der im Wanderführer enthaltenen Wandertouren.

AUTOR

Norbert Forsch • wurde im Hunsrück geboren. Er lebt und arbeitet seit vielen Jahren als Sozialpädagoge und Autor bei Heidelberg im Neckartal.

Seine Hobbys sind Wandern, traditionelles Bogenschießen und experimentelle Archäologie, seine Lieblingsdestinationen Asien und die Berge, gleich wo.

VORWORT

Heidelberg, die älteste Universität Deutschlands, blickt auf eine über 800-jährige Geschichte zurück und gehört zu den bekanntesten Touristenstädten. Sie wird jährlich von rund 3,5 Millionen Tagesgästen aus aller Herren Länder besucht.

Es waren Dichter und Romantiker des 19. Jahrhunderts, allen voran Joseph von Eichendorff, Clemens von Brentano und Achim von Arnim, die den Ruf Heidelbergs weit hinaus in die Welt trugen. Das romantische Lebensgefühl suchend, folgen ihnen die Reisenden auch heute noch und erliegen der Anziehungskraft der Stadt. Dafür stehen das weltberühmte Schloss, die geschichtsträchtigen Altstadtgassen und der Philosophenweg mit dem unvergleichlichen Blick ins Neckartal.

Die meisten Besucher kommen nicht über Altstadt und Schloss hinaus. Dabei endet Heidelbergs märchenhafte Ausstrahlung nicht an den Toren der Stadt. Ob man den angrenzenden Odenwald durchstreift, die sonnenverwöhnte Bergstraße oder das Neckartal erkundet, wandernd wird man Altbekanntes neu entdecken. Dazu gehören mächtige Burgen und freundliche Wiesen, frische Quellen und hohe Türme, idyllische Rastplätze und überwältigende Aussichten. Erst das Zusammenspiel der Stadt mit der sie umgebenden Natur macht den eigentlichen Zauber Heidelbergs aus.

Norbert Forsch

INHALT UND TOURENÜBERSICHT

AUFTAKT
Vorwort 2
Inhalt und Tourenübersicht 4
Gebietsübersichtskarte 8
Das Gebiet 10
Meine Highlights 14

Tour		Seite		
01	Bismarckplatz – Arboretum I – Königstuhl – Schloss	16		
02	Bismarckplatz – Felsenmeer – Königstuhl – Schloss	19		
03	Königstuhl – Hohler Kästenbaum – Linsenteicheck	22		
04	Königstuhl – Bierhelderhof – Weststadt	24		
05	Bismarckplatz – Philosophenweg	27		
06	Bismarckplatz – Mausbachwiese – Heiligenberg	29		
07	Dossenheim – Schauenburg – Weißer Stein	32		
08	Handschuhsheim – Weißer Stein	35		
09	Handschuhsheim – Kroddeweiher	38		
10	Langer Kirschbaum – Weißer Stein	40		
11	Ziegelhausen – Köpfel – Abtei Neuburg	43		

Abendstimmung im Neckartal.

ANHANG

Alles außer Wandern 134
Übernachtungsverzeichnis ... 138
Orte/Tourismusbüros 140
Register 142
Impressum 144

km	h	hm	hm	P	🚌	🚡	🍴	⛰	❄	🚴	🛏	Karte
16	5:30	632	632		✓	✓	✓	✓	✓		✓	827
12,5	4:00	648	648		✓	✓	✓	✓	✓		✓	827
8	2:30	268	268	✓	✓		✓	✓	✓		✓	827
6,5	2:00	44	468	✓	✓	✓	✓	✓	✓		✓	827
3,75	1:00	85	85		✓						✓	827
14	3:30	545	545		✓						✓	827
12,5	4:00	490	490	✓	✓		✓		✓		✓	827
9,5	3:00	350	350	✓	✓		✓	✓			✓	827
4,5	1:15	3	3		✓		✓		✓		✓	827
4,5	1:30	110	110	✓	✓		✓		✓		✓	827
10	3:00	380	380		✓		✓		✓		✓	827

Blick auf die Feste Dilsberg.

INHALT UND TOURENÜBERSICHT

Tour		Seite		
12	Neckargemünd – Bammental – Wiesenbach	46	◐	😊
13	Neckargemünd – Neckarsteinach – Dilsberg	50	◐	😊
14	Neckargemünd – Nonnenbrunnen – Dilsberg	53	◐	😊
15	Mauer – Wiesenbach – Neckargemünd	56	⚕	😊
16	Wildpark Leimen – Weiße Hohle	60	◐	😊
17	Emmertsgrund – Posseltslust – Gaiberg	63	◐	😊
18	Neckargemünd – Ziegelhausen – Heidelberg	67	◐	😊
19	Heidelberg – Schwabenheim – Ladenburg	72	⚕	😊
20	👑 Heidelberg – Dossenheim – Schriesheim	76	⚕	😊
21	Heidelberg-Rohrbach – Dornackerhof	81	◐	😊
22	Wilhelmfeld – Weißer Stein – Teltschikturm	84	◐	😊
23	Hirschhorn – Grein	88	◐	😊
24	Sinsheim – Burg Steinsberg – Ittlingen	90	⚕	😊
25	Weinheim – Wachenburg – Burgruine Windeck	94	◐	😊
26	Schwetzingen – Schlossgarten	97	◐	😊
	Neckarsteig			
27	Etappe 1: Heidelberg – Königstuhl – Neckargemünd	100	⚕	
28	Etappe 2: Neckargemünd – Neckarsteinach	104	⚕	😊
29	Etappe 3: Neckarsteinach – Hirschhorn	107	⚕	😊
30	Etappe 4: Hirschhorn – Eberbach	111	⚕	😊
31	Etappe 5: Eberbach – Neunkirchen	114	⚕	
32	Etappe 6: Neunkirchen – Neckargerach	117	⚕	😊
33	Etappe 7: Neckargerach – Mosbach	120	⚕	😊
34	Etappe 8: Mosbach – Gundelsheim	126	⚕	😊
35	Etappe 9: Gundelsheim – Bad Wimpfen	130	⚕	😊

km	h	hm↑	hm↓	🅿	🚌	🚠	🍴	▲	❄	🚴	🛏	🧴	Karte
14	3:30	340	340	✓	✓		✓		✓		✓		827
12	4:00	450	450	✓	✓		✓	✓	✓		✓		827
16	4:30	420	420	✓	✓		✓	✓	✓		✓		827
11,5	3:30	145	148	✓	✓		✓		✓		✓		827
8,5	2:15	200	200	✓					✓		✓		827
14	3:30	460	460	✓	✓		✓		✓		✓		827
15,5	4:30	622	632	✓	✓		✓		✓		✓		827
11,5	3:00	16	32		✓		✓		✓		✓		827
16	**5:15**	**560**	**557**	**✓**			**✓**		**✓**		**✓**		**827**
8,75	3:00	220	220		✓				✓		✓		827-2
13	3:45	370	370	✓	✓		✓	✓	✓		✓		827-2
15,5	4:30	445	445	✓	✓		✓				✓		827-2
16	5:00	325	300	✓	✓		✓		✓		✓		827-2
11,5	4:00	310	310	✓	✓				✓		✓		827-2
6	2:00	5	5		✓						✓		827-2
12,5	4:00	770	750				✓	✓	✓	✓	✓		827-2
9	3:00	445	430	✓	✓		✓	✓	✓		✓		827-2
16	4:30	365	360	✓	✓		✓	✓	✓		✓		827-2
12	4:00	390	370	✓	✓				✓		✓		827-2
18	5:30	950	750	✓					✓		✓		827-2
17,5	5:00	350	470	✓	✓		✓		✓		✓		827-2
14	4:00	350	375	✓	✓		✓		✓		✓		827-2
13	3:45	410	420	✓	✓		✓		✓		✓		827-2
13,5	4:00	285	270		✓		✓		✓		✓		827-2

DAS GEBIET

Heidelberg liegt am Austritt des Neckars aus den Bergen des Odenwaldes in die Oberrheinische Tiefebene. Der Fluss, die waldreichen Hänge und die harmonische Bebauung prägen das Landschaftsbild.

Heidelberg
Die Stadtteile Heidelbergs liegen an zwei sich kreuzenden Achsen. Eine Achse folgt dem Lauf des Neckars in Ost-West-Richtung. Die andere Achse folgt in Nord-Süd-Richtung der Abgrenzung von Rheinebene zum Odenwald. Diese Achsen kreuzen sich am Bismarckplatz, dem wichtigsten Nahverkehrsknotenpunkt Heidelbergs und Hauptausgangspunkt der Wanderungen. Am Bismarckplatz beginnt eine der längsten Fußgängerzonen Europas, die Hauptstraße. Sie führt parallel zum Neckar geradewegs durch die Altstadt zum Kornmarkt nahe der Bergbahnstation. Die meisten Besucher erleben nur die Altstadt. Dabei besteht Heidelberg aus insgesamt 14 Stadtteilen. Sie verteilen sich auf einer Fläche von 110 Quadratkilometern und werden von rund 145.000 Menschen bewohnt.

Die Altstadt liegt am südlichen Neckarufer und wird vom Königstuhl überragt. Gegenüber am nördlichen Neckarufer liegt der Stadtteil Neuenheim. Er ist Ausgangspunkt des berühmten Philosophenweges. Das Neuenheimer Feld mit Universitätseinrichtungen, Sportstätten, Zoo und Schwimmbad und das dörflich wirkende Handschuhsheim schließen sich nahtlos an. Ebenfalls in die Wanderungen einbezogen sind die im engen Neckartal liegenden Stadtteile Ziegelhausen und Schlierbach, die Weststadt und der weit außerhalb der Stadt am Berghang im Süden liegende Emmertsgrund. Die Stadtteile in der Ebene, Bergheim, Wieblingen, Südstadt, Hasenleiser, Pfaffengrund und Kirchheim werden von den Touren nicht berührt. Sie haben keinen direkten Anschluss an gute Wanderwege, eignen sich aber als Ausgangspunkte für Fahrradtouren.

Heidelbergs Nachbarn
Neckargemünd liegt nur 10 km vom Zentrum Heidelbergs entfernt das Neckartal aufwärts und wird gerne die „schöne Nachbarin Heidelbergs" genannt. Dort gibt es einen Campingplatz, das Terrassenschwimmbad und einen Klettergarten mit Kanuverleih. In gleicher Entfernung von Heidelberg den Neckar abwärts liegt Ladenburg. Die spätmittelalterliche Altstadt zieht viele Touristen an. Dossenheim, 5 km nördlich von Heidelberg, am Fuß des Odenwaldes und Leimen, 2 km südlich der Stadtgrenze, liegen in landschaftlich reizvoller Umgebung, aber kaum ein Tourist verirrt sich dorthin. Wegen der Lage in der Rheinebene eignet sich das rund 12 km entfernte Schwetzingen nicht als Ausgangspunkt für ausgedehnte Wanderungen. Es ist aber allein wegen des Schlosses und einer der schönsten Gartenanlagen Europas einen Abstecher wert. Die Stadt ist ab Heidelberg gut mit dem Fahrrad über die ausgeschilderte Kurpfalzroute erreichbar.

Neckarsteig
Der Neckarsteig verbindet über rund 126 km Länge Heidelberg mit Bad Wimpfen. Er ist als „Qualitätsweg Wanderbares Deutschland" nach den Kriterien des Deutschen Wanderverbands zertifiziert und durchgängig gut markiert. Die Laufrichtung ist frei

Info

S-Bahn: www.s-bahn-rheinneckar.de
Bus- und Straßenbahn: Tel. 01805-8764636; www.vrn.de
Bergbahn: Tel. 06221-5130, www.bergbahn-heidelberg.de
Rhein-Neckar-Fahrgastschifffahrt: www.rnf-schifffahrt.de
Solarschiff: Tel. 07263-409284, www.hdsolarschiff.com

wählbar. Die sehr gute Anbindung an S-Bahn und Fahrgastschifffahrt bietet viele Möglichkeiten, bevorzugte Wegabschnitte individuell zu planen. Fast immer beginnt eine Etappe mit einem steilen Aufstieg aus dem Neckartal und verläuft dann auf teils steinigen Pfaden. Der Neckarsteig ist nicht zu verwechseln mit dem bereits 2004 eingeweihten Neckarweg, der von der Neckarquelle bis zur Mannheimer Rheinmündung verläuft. Der Neckarsteig ersetzt seit 2012 auf der Strecke Heidelberg – Bad Wimpfen den zuvor auf diesem Abschnitt ausgewiesenen Neckarweg.

Das Symbol von Neckarweg und Neckarsteig ist identisch. Es kommt oft zu Verwechslungen, da auf Karten im Bereich Heidelberg – Bad Wimpfen noch beide Strecken eingezeichnet,

Der Brückenaffe in Heidelberg.

DAS GEBIET

und in der Natur noch alte Markierungen des Neckarweges übrig geblieben sind.

Burgensteig Bergstraße

Als zertifizierten Wanderweg gibt es den Burgensteig Bergstraße (blaue Burgsilhouette) erst seit 2015. Er führt über rund 115 km entlang der Bergstraße und verbindet Darmstadt mit Heidelberg. Er ersetzt den alten Burgenweg (blaues B) und ist weiter zurück Richtung Odenwald verlegt worden. Bisher nutzten die Wanderwege Blütenweg (gelbes B) und Burgenweg (blaues B) nicht nur denselben Anfangsbuchstaben in ihrem Zeichen, sondern auf weiten Strecken auch identische Wege.

Natur

Heidelberg liegt in einer der wärmsten Regionen Deutschlands. In der Stadt und im Umland gedeihen eine Menge exotischer Pflanzen. Am Philosophenweg, dem „Balkon" der Stadt, konzentrieren sich die exotischen Gewächse. Auch die Tierwelt weiß das milde Klima zu schätzen. Es gibt eine frei lebende Population des afrikanischen Halsbandsittichs sowie der sibirischen Schwanengans, die man vor allem am Neckar antreffen kann. Die für Deutschland typischen Pflanzen und einheimische Tiere dominieren natürlich. Wandernd lassen sich viele geschützte Arten entdecken, die man andernorts kaum findet.

Info

Tourist Information am Hauptbahnhof
Tel. 06221-19433
Fax 06221-142254
touristinfo@heidelberg.de
Öffnungszeiten 1.4.–31.10.:
Mo.–Sa. 9.00–19.00 Uhr
und sonn- und feiertags
10.00–18.00 Uhr
1.11.–31.03.
Mo.–Sa. 9.00–18.00 Uhr
Tourist Information im Rathaus
Mo.–Fr. 8.00–17.00 Uhr
Sa. 10.00–17.00 Uhr
www.heidelberg.de
Vorwahl Deutschland: 0049

Der Neckar beim Schwabenheimer Hof.

ALLGEMEINE TOURENHINWEISE

SCHWIERIGKEITSGRADE

■ LEICHT
Leichte, nicht allzu lange Touren auf bequemen Wegen. Diese Wandervorschläge können bei guten Witterungsverhältnissen von jedermann begangen werden.

■ MITTEL
Wanderungen, die hinsichtlich ihrer Länge, Wegbeschaffenheit und Höhendifferenz etwas anspruchsvoller sind. Sie setzen Ausdauer und Trittsicherheit voraus.

■ SCHWER
Anspruchsvolle Touren, die wegen ihrer Länge, Wegbeschaffenheit und Höhendifferenz große Ausdauer, Trittsicherheit und Orientierungssinn voraussetzen.

HINWEIS

Gehzeiten und Schwierigkeitsbewertungen können nur Richtwerte sein. Objektive Faktoren wie das Wetter und individuelle Voraussetzungen gilt es zu berücksichtigen!

BERGBAHNEN

Die Heidelberger Bergbahn ist eine Kombination aus zwei Standseilbahnen. Vom Kornmarkt aus fährt eine moderne Bergbahn über die Station Heidelberger Schloss zur Molkenkur. Von dort aus geht es mit einer der ältesten elektrisch betriebenen Bergbahnen Deutschlands weiter zum Königstuhl, mit 550 m höchster Punkt der Stadt.

Heidelberger Straßen- und Bergbahn GmbH, Kurfürsten-Anlage 42–50, 69115 Heidelberg, Tel. 06221-513-2150, www.bergbahn-heidelberg.de

EINKEHRMÖGLICHKEITEN

Das Einkehrsymbol bezieht sich auf Einkehrmöglichkeiten unterwegs. Da sich die Öffnungszeiten saisonal und regional sehr unterscheiden, sollten Sie sich vorab über Übernachtungs- und Einkehrmöglichkeiten informieren, Infos S. 138.

 MEINE LIEBLINGSTOUR

Wald, Weinberge, Gärten und außergewöhnliche Panoramablicke kennzeichnen diese abwechslungsreiche Wanderung (Tour 20), die am Westhang des Odenwaldes oberhalb der Bergstraße verläuft.

Dabei werden der berühmte Philosophenweg, der sagenumwobene Heiligenberg, das Naherholungsgebiet Leferenz-Steinbruch und die bewirtschaftete Strahlenburg berührt.

Die Thingstätte auf dem Heiligenberg.

MEINE HIGHLIGHTS

⭐ 1: Bismarckplatz – Arboretum I – Königstuhl – Schloss
Höhepunkte dieser Tageswanderung sind stetig wechselnde Waldbilder, außergewöhnliche Panoramablicke, die mächtigen Mammutbäume des Arboretums I und natürlich das Heidelberger Schloss.
→ Tour 01, Seite 16

⭐ 2: Bismarckplatz – Philosophenweg
Der Philosophenweg ist der wohl berühmteste Spazier- und Wanderweg Deutschlands und bietet herrliche Ausblicke über das Blütenmeer der Gärten auf Stadt, Schloss und Neckartal.
→ Tour 05, Seite 27

⭐ 3: Bismarckplatz – Mausbachwiese – Heiligenberg
Über den berühmten Philosophenweg führt diese Waldwanderung auf den geschichtsträchtigen Heiligenberg, wo es allerlei zu entdecken gibt.
→ Tour 06, Seite 29

⭐ 4

⭐ 5

⭐ **4: Neckargemünd – Neckarsteinach – Dilsberg**
Das 4-Burgen-Eck von Neckarsteinach und die Feste Dilsberg sind die kulturellen Höhepunkte dieser Tour, die immer wieder atemberaubende Ausblicke schenkt.
→ Tour 13, Seite 50

⭐ **5: Neckargerach – Mosbach**
Ein außergewöhnliches Erlebnis auf dieser Etappe des Neckarsteiges ist die Durchsteigung der wildromantischen Margarethenschlucht.
→ Tour 33, Seite 120

BISMARCKPLATZ – ARBORETUM I – KÖNIGSTUHL – SCHLOSS

Höhepunkte im Heidelberger Stadtwald

16 km 5:30 h 632 hm 632 hm 827

START | Heidelberg-Bismarckplatz
[GPS: UTM Zone 32 x: 477.740 m y: 5.473.000 m]
CHARAKTER | Forstwege und Waldpfade, kräftige Steigungen und Gefälle, herrliche Aussichtspunkte und schöne Rastplätze.

Höhepunkte dieser ausgedehnten Tageswanderung sind stetig wechselnde Waldbilder, außergewöhnliche Panoramablicke, die mächtigen Mammutbäume des Arboretums I und nicht zuletzt das Heidelberger Schloss. Die Wanderung kann ab Königstuhl mit einer Bergbahn- oder Busfahrt abgekürzt werden.

▶ Beim **Bismarckplatz** 01 in Heidelberg die Sophienstraße queren und rechts. Die Friedrich-Ebert-Anlage queren und links. Bis zur Birkenbank leitet nun das gelbe R. Durch die kleine Grünanlage. Vor dem Juristischen Seminar rechts auf den gepflasterten Wolfshöhlenweg. Links haltend steil bergan durch den Wald zur Kreuzung Sieben Linden. Scharf links auf die Teerstraße. Die Straße zum Speyerer Hof queren und links an der **Rondell-Hütte** 02 vorbei in den Wald. Den nächsten Querweg rechts, dann auf den gleich folgenden Linksabzweig. Nun geradeaus haltend zur Birkenbank. Scharf rechts, aber sofort links halten (Weg Nr. 1). Zur Gabelung auf der Anhöhe und links bergan zum **Gaisbergturm** 03. Rechts zur Sprunghöhe bei den Mammutbäumen des Arboretums I hinab. Geradeaus an der Hütte vorbei Richtung Blockhaus, links auf den Teerweg und bergan. Nun leitet das offene weiße Dreieck. Beim Parkplatz **Blockhaus** 04 die Straße 25 m rechts versetzt queren

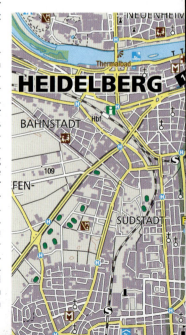

01 Bismarckplatz, 115 m; **02** Rondell-Hütte, 240m; **03** Gaisbergturm, 375m; **04** Blockhaus, 380m; **05** Leopoldstein, 526m; **06** Drei Eichen, 463m; **07** Posseltslust, 480m; **08** Kohlhof, 440m; **09** Krausstein, 420m; **10** Königstuhl, 568 m; **11** Molkenkur, 290 m; **12** Schloss, 210 m

und weiter auf einem Pfad (Alte Kohlhöfer Steige). 50 m zu einer Kreuzung und rechts bergan, mit V markiert. Einen Forstweg und eine Straße queren. Auf der Anhöhe ge‑ radeaus weiter zum **Leopoldstein 05**. Nun leitet der rote Balken rechts an der Schutzhütte, an der Hütte der Schneiderschere und am Bildstock St. Nikolaus vorbei.

Blick vom Königstuhl ins Neckartal und über Heidelberg.

Hinter der Schranke auf den Pfad Richtung Kohlhof-Gaiberg. Einen Forstweg und die Straße zur Posseltslust bei der Kreuzung **Drei Eichen** 06 queren. Links und über die Parkstraße. Nun leitet das weiße Kreuz. Die Gabelung hinter der Schranke links auf den Oberen Haberschlagweg. Erneut die Straße queren und zum Aussichtsturm **Posseltslust** 07. Über den Parkplatz und die Straße zur Bushaltestelle queren. Nun links auf den unmarkierten Wiesenweg und zum Landgasthof **Kohlhof** 08 hinab. Rechts auf den Asphaltweg (Nr. 5). An der Kläranlage vorbei in den Wald und geradeaus über folgende Kreuzung (V). Zur Kreuzung beim Michelsbrunnen hinab. Hier links (weißes Andreaskreuz). Zur Straße und links bergan zum Rossbrunnen; hier rechts. Nach ca. 50 m links auf einen Pfad und bergan zur **Kraussteinhütte** 09. Links auf den mittleren Weg (Alter Hilsbacher Weg, offenes weißes Dreieck). Etwa 1 km geradeaus bergan zu einer Schutzhütte und rechts. Geradeaus zur Kreuzung beim pyramidenförmigen Wegweiserstein und links. Geradeaus zur Aussichtsterrasse auf dem **Königstuhl** 10. Links bergab. Hinter der Bergbahnstation rechts auf einen Pfad. Bis zum Kornmarkt leitet nun der rote Balken. Zu folgender Kreuzung und scharf rechts. Geradeaus über die nächste Kreuzung und zu einem Forstweg hinab. Rechts, die Bergbahnstrecke unterqueren und sofort links.

Der Weg erreicht erneut die Bergbahnstrecke und knickt rechts ab. Einen Forstweg und die Himmelsleiter queren und gleich scharf links. Bei der **Molkenkur** 11 erneut die Bergbahnstrecke unterqueren. Auf der Straße geradeaus zur Kreuzung und rechts bergan. Vor dem Hotel links auf einen Pfad und bergab. Erneut die Bergbahnstrecke queren. Links auf die Straße Molkenkurweg. Links auf den Schloss-Wolfsbrunnenweg. Nun auf den bald rechts abzweigenden gepflasterten Gehweg und zum **Heidelberger Schloss** 12. Zwischen dem Tor und Haus Nr. 55 auf die Treppe. Zur Straße hinab, rechts und weiter auf Stufen zum Kornmarkt. Nun links (unmarkiert) und durch die Heidelberger Altstadt zum **Bismarckplatz** 01 zurück.

BISMARCKPLATZ – FELSENMEER – KÖNIGSTUHL – SCHLOSS

Durch den Stadtwald auf die Himmelsleiter

12,5 km 4:00 h 648 hm 648 hm 827

START | Heidelberg, Bismarckplatz
[GPS: UTM Zone 32 x: 477.740 m y: 5.473.000 m]
CHARAKTER | Waldwanderung auf überwiegend breiten Wegen mit kräftigen Steigungen und Panoramablicken.

Das Felsenmeer, die Himmelsleiter und das Schloss sind die eindrucksvollsten Sehenswürdigkeiten dieser aussichtsreichen Wanderung, die über den Hohlen Kästenbaum auf den Königstuhl führt. Die anstrengende Himmelsleiter erfordert Trittsicherheit und festes Schuhwerk. Eine Alternative ist die Talfahrt mit der Bergbahn.

▶ Beim **Bismarckplatz** `01` in Heidelberg die Sophienstraße queren und rechts. Die Friedrich-Ebert-Anlage queren und links. Bis zum Rindenhäuschen leitet nun das gelbe R. Durch die kleine Grünanlage. Vor dem Juristischen Seminar rechts auf den gepflasterten Wolfshöhlenweg. Links haltend steil bergan durch den Wald zur Kreuzung Sieben Linden.

Scharf links auf die Teerstraße. Die Straße zum Speyerer Hof queren und links an der **Rondell-Hütte** `02` vorbei in den Wald. Folgenden Querweg rechts. Auf gleich folgenden Linksabzweig. Nun geradeaus halten. Über die Wegespinne bei

`01` Bismarckplatz, 115 m; `02` Rondell-Hütte, 240 m; `03` Molkenkur, 290 m; `04` Rindenhäusle, 325 m; `05` Felsenmeerhütte, 410 m; `06` Hohler Kästenbaum, 442 m; `07` Königstuhl, 568 m; `08` Schloss, 210 m; `09` Kornmarkt, 113 m

Heidelberger Schloss, Ruprechtsbau.

der Birkenbank und bergan Richtung Molkenkur. An der Tillyschen Batteriestellung vorbei. Auf folgenden Linksabzweig und zur Klingenteichstraße hinab. Rechts und an der Straße entlang zur nächsten Kreuzung. Rechts auf den Molkenkurweg und zur **Bergbahnstation 03**.

Rechts auf den breiten Felsenmeerweg. Folgende Gabelung links. Die Himmelsleiter queren und zum aussichtsreichen **Rindenhäusle 04**.

Die Himmelsleiter

Die **Himmelsleiter** verbindet das Heidelberger Schloss mit dem Königstuhl. Es ist eine unregelmäßige Treppe aus grob behauenen Sandsteinen. Sie beginnt hinter der ersten Kehre des Molkenkurweges.

Einschließlich der Stufen vom Kornmarkt zum Heidelberger Schloss liegen zwischen dem Königstuhl und der Stadt rund 1600 Stufen. Die Treppe wurde ab 1844 erbaut und 1994 saniert.

Geradeaus weiter zum Felsenmeer, nun mit der Markierung V. An der **Felsenmeerhütte 05** vorbei. Ein möglicher Abstecher führt scharf rechts auf einen Pfad ins Felsenmeer. Beim Rastplatz **Hohler Kästenbaum 06** rechts auf den Hohlen Kästenbaumweg. Nun leitet das gelbe N des Lehrpfades „via naturae". Bei folgender Wegegabelung auf den mittleren Weg und steil auf den **Königstuhl 07**. Geradewegs zur Aussichtsterrasse.

An ihrem rechten Rand auf die Himmelsleiter (blaues N des Neckarsteiges), steil zur Straße Molkenkurweg hinab und weiter bergab. Links auf den Schloss-Wolfsbrunnenweg, dann auf den bald rechts abzweigenden gepflasterten Gehweg und zum **Heidelberger Schloss 08**, dem Ende des Steiges. Zwischen dem Tor und Haus Nr. 55 auf die Treppe. Zur Straße hinab, rechts und weiter auf Stufen zum **Kornmarkt 09**. Nun links und durch die Heidelberger Altstadt zum **Bismarckplatz 01** zurück.

Alte Brücke.

KÖNIGSTUHL – HOHLER KÄSTENBAUM – LINSENTEICHECK

Auf der „via naturae"

8 km   2:30 h   268 hm   268 hm   827

START | Bergbahnstation Königstuhl
[GPS: UTM Zone 32 x: 480.200 m y: 5.472.350 m]
CHARAKTER | Leichte Waldwanderung auf ebenen Wegen.

Die „via naturae", ein Themenweg, informiert über den Wald als Lebensgrundlage des Menschen. Es gibt vieles zu entdecken: vergessene Mühlsteine, riesige Ameisenhaufen, erfrischende Brunnen und idyllische Rastplätze.

Diese Wanderung eignet sich sehr gut für Kinder. Sie deckt sich zu Beginn mit dem zwei Kilometer langen Walderlebnispfad, der auch mit Kinderwagen befahrbar ist. Ein ganz besonderes Erlebnis verspricht die Fahrt mit der Bergbahn auf den Königstuhl.

▶ Von der Bergbahnstation auf dem **Königstuhl** 01 am Restaurant und der Falknerei vorbei auf die Asphaltstraße und am Fernmeldeturm vorbei in den Wald. Auf der ganzen Strecke leiten Wegweiser und das gelbe N. Die Fahrstraße geht in einen gekiesten Forstweg über, Spielstationen säumen den Weg. Geradeaus über die Kreuzung mit dem pyramidenförmigen Wegweiserstein. Hier zweigt der Walderlebnispfad rechts ab und führt in einer Schleife zum Ausgangspunkt zurück.

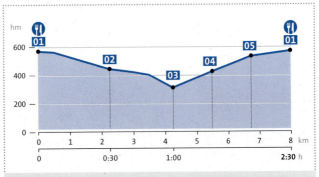

01 Königstuhl, 567 m; 02 Hohler Kästenbaum, 442 m; 03 Linsenteicheck, 308 m; 04 Kraussteinhütte, 423 m; 05 Kaltteichhütte, 530 m

Wegweiser an der „via naturae".

Geradeaus bergab zur Wegespinne beim **Hohlen Kästenbaum** 02. Hier rechts, dann auf den folgenden Linksabzweig (Oberer Drachenhöhlenweg). 1,2 km bergab zu einer Kreuzung. Rechts auf einen Pfad und weiter bergab. Am Hohen Kreuz vorbei und eine Forststraße querend zur Wegespinne beim **Linsenteicheck** 03. Nun den zweiten Abzweig rechts (Oberer Sandweg). Etwa 200 m zur Kreuzung auf der Anhöhe und rechts. Dann auf den zweiten der folgenden Rechtsabzweige (Alter Hilsbacher Weg). Geradeaus haltend zur **Kraussteinhütte** 04 und weiter geradeaus bergan. Eine Teerstraße queren. Zur Gabelung vor der **Kaltteichhütte** 05 und links. Nach etwa 500 m rechts auf einen Pfad. Wieder rechts und über den Parkplatz zum **Ausgangspunkt** 01 zurück.

4 KÖNIGSTUHL – BIERHELDERHOF – WESTSTADT

Baumriesen und Rhododendron

  6,5 km 2:00 h 44 hm  468 hm 827

START | Bergbahnstation Königstuhl
[GPS: UTM Zone 32 x: 480.200 m y: 5.472.350 m]
CHARAKTER | Leichte Waldwanderung.

Der Königstuhl ist mit der Bergbahn schnell erreicht. Nun geht es stets bergab. Landschaftliche Höhepunkte sind zwei Anpflanzungen exotischer Baumarten und Rhododendronanlagen, die bis in den Sommer hinein blühen.

Außerdem wird der Bergfriedhof berührt. Er ist Ruhestätte für viele bedeutende Persönlichkeiten Heidelbergs und gilt als einer der schönsten Friedhöfe Deutschlands. Will man einkehren und die Arboreten und den Bergfriedhof besichtigen, verlängert sich die Wanderzeit erheblich.

▶ Die Bergbahnstation auf dem **Königstuhl** `01` verlassend rechts bergab Richtung Maschinenhaus und gleich rechts auf einen schmalen Waldweg (weißes offenes Dreieck). Geradeaus über eine Kreuzung. Einen breiteren Forstweg links versetzt queren. Die folgende Straße hin zum Blockhaus-Parkplatz queren und rechts auf den am **Blockhaus** `02` vorbeiführenden asphaltierten Waldweg.

Geradeaus an der Infotafel „Welt der Bäume" beim **Arboretum I** `03` vorbei. Nun links haltend weiter

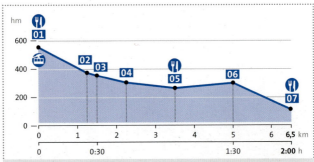

`01` Königstuhl, 568 m; `02` Blockhaus, 370 m; `03` Arboretum I, 350 m;
`04` Speyerer Hof, 300 m; `05` Bierhelderhof, 260 m; `06` Ehrenfriedhof, 296 m;
`07` Weststadt, 110 m

Botanik

Arboreten nennt man die beiden Sammlungen verschiedener exotischer Baumarten im Heidelberger Stadtwald. Durch die Arboreten führen Rundwege. Sie geben einen Einblick in die tropisch anmutende Artenvielfalt unserer Wälder, wie sie vor Jahrmillionen in Europa bestand. Das Arboretum I an der Sprunghöhe zeigt vor allem mächtige Mammutbäume aus Nordamerika, das Arboretum II am Speyerer Hof überwiegend Baumarten aus dem Nahen und Fernen Osten.

Beim Arboretum II am Speyerer Hof.   Auf dem Weg zum Bierhelderhof.

bergab auf Asphalt. Zur Rechten ist die Hütte auf der Sprunghöhe zu sehen. Folgenden Abzweig, nach etwa 100 m, links. Auf den nächsten rechts abzweigenden Pfad. Zur Straße, links und an ihr entlang, dabei das offene weiße Dreieck verlassen und weiter mit dem gelben B.

Am Krankenhaus **Speyerer Hof** 04 vorbei. Folgende Straßengabelung links. Nach 300 m auf den parallelen Pfad. Zur Linken erstreckt sich das Arboretum II. Bei der Bushaltestelle Bierhelderhof/Ehrenfriedhof die Straße queren. Weiter auf einem Pfad zur nächsten Straße und links zum **Bierhelderhof** 05. Nun rechts und am Biergarten entlang auf den einsetzenden Asphaltweg. Geradeaus und bald bergan, dabei das gelbe B verlassen und unmarkiert weiter.

Zum Querweg und rechts. Um das Camp Waldpiraten der Deutschen Kinderkrebsstiftung herum auf den Promenadenweg.

Links auf den **Ehrenfriedhof** 06. Geradeaus, über eine Treppe auf die untere Ebene und sofort rechts. Auf einsetzendem Waldweg geradeaus bergab zur Kurve einer Straße. Scharf links auf einen Pfad und bergab. Die Straße bei einer Hütte queren und weiter mit dem offenen weißen Dreieck.

Der Pfad erreicht wieder die Straße (Steigerweg). Links bergab und am Bergfriedhof entlang zur Rohrbacher Straße am Rand der **Weststadt** 07. Bus-, S-Bahn- und auch Straßenbahnhaltestellen sind ganz in der Nähe.

BISMARCKPLATZ – PHILOSOPHENWEG

Mediterranes Heidelberg

  3,75 km 1:00 h 85 hm 85 hm 827

START | Heidelberg, Bismarckplatz
[GPS: UTM Zone 32 x: 477.740 m y: 5.473.000 m]
CHARAKTER | Spaziergang mit herrlichen Ausblicken auf die Stadt und das Schloss, außergewöhnlicher Reichtum an Gärten und seltenen Pflanzen.

Besonders im Frühling und Sommer ist diese Kurzwanderung ein eindrucksvolles Erlebnis und verzaubert durch den herrlichen Panoramablick und das Blütenmeer der Gärten. Die Stadt Heidelberg hält auf ihrer Website einen ausführlichen Flyer zu dieser Kurzwanderung bereit.

▶ Vom **Bismarckplatz** 01 über die Theodor-Heuss-Brücke, rechts zum Restaurantschiff hinab und am Neckarufer entlang Richtung Alte Brücke. Linker Hand fallen erste Trockenmauern ins Auge. Sie wurden für die hier heimische Mauereidechse angelegt. Der Weg führt nun auf dem Leinpfad dicht am Wasser entlang. Kurz vor der **Alten Brücke** auf die Treppe. An der Fußgängerampel über die Neuenheimer Straße und den gepflasterten Schlangenweg hinauf (rotes Burgensymbol des Burgensteiges). Er ist von hohen Sandsteinmauern begrenzt. Mit etwas Glück kann man tatsächlich Schlangen entdecken, die in der Region recht häufig sind. Die Äskulapnatter, die Ringelnatter und die Schlingnatter, die sich unter anderem von Eidechsen ernährt, sind hier zu nennen.

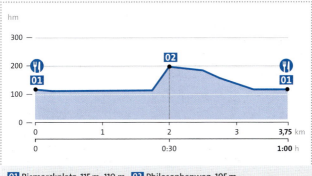

01 Bismarckplatz, 115 m; 110 m; 02 Philosophenweg, 195 m

Das Philosophengärtchen am Philosophenweg.

Der Schlangenweg führt an einer Aussichtskanzel vorbei zum **Philosophenweg** 02 hinauf. Nun links. Bänke säumen den Weg und laden zum Rasten und Genießen der herrlichen Aussicht ein. In den Gärten unter- und oberhalb des Weges gedeihen viele Pflanzen aus dem Mittelmeerraum, darunter Granatapfel- und Mandelbäumchen. Der Weg führt am Merianausblick, am Liselotteplatz, der Liselotte-Hütte und an einem kleinen Spielplatz vorbei.

Das berühmte Philosophengärtchen links des Weges unterhalb der Eichendorff-Anlage lohnt einen eingehenden Blick. Dort befindet sich auch ein Kiosk. Dann geht es auch schon steil zur Bergstraße hinab (rotes R) und über die Theodor-Heuss-Brücke zum **Bismarckplatz** 01 zurück.

BISMARCKPLATZ – MAUSBACHWIESE – HEILIGENBERG

Kelten – Römer – Klosterbrüder

  14 km 3:30 h 545 hm  545 hm 827

START | Heidelberg, Bismarckplatz
[GPS: UTM Zone 32   x: 477.740 m   y: 5.473.000 m]
CHARAKTER | Waldwanderung auf Forststraßen und Pfaden, Panoramablicke.

Nach dem berühmten Blick vom Philosophenweg auf die Heidelberger Altstadt führt die Wanderung zur Mausbachwiese, einem außergewöhnlichen Biotop. Nächstes Ziel ist der Heiligenberg mit den Resten einer keltischen Ringwallanlage, der Ruine des im 9. Jahrhundert gegründeten Michaelsklosters, dem mysteriösen Heidenloch und der Thingstätte von 1935, die heute als Freilichtbühne dient.

▶ Am **Bismarckplatz** 01 die Sophienstraße queren und über die Theodor-Heuss-Brücke. Rechts auf die Brückenkopfstraße. Links auf die Bergstraße. Nun leitet das rote R. Gleich rechts auf den Philosophenweg. Erst steil bergan, dann bequem mit herrlicher Aussicht am Philosophengärtchen, am Liselotteplatz, am Merianausblick, am abzweigenden Schlangenweg und an der **Hölderlinanlage** 02 vorbei in den Wald.

Geradeaus an der Odenwälder Hütte vorbei Richtung Mausbach. Auf dem breiten Hauptweg

01 Bismarckplatz, 115 m; 02 Hölderlinanlage, 200 m; 03 Moltkehütte, 270 m; 04 Mausbachquelle, 330 m; 05 Stickelsplatz, 421 m; 06 Zollstock, 380 m; 07 Michaelsbasilika, 439 m; 08 Mönchberghütte, 251 m

Aussichtsturm bei der Ruine Stefanskloster.

bleibend mäßig bergan. Am Abzweig zur Reblage Heidelberger Sonnenseite vorbei. Folgende Gabelung links und weiter bergan. Am Webersbrunnen und an der **Moltkehütte** 03 vorbei.

Etwa 800 m zu einer Gabelung. Rechts und bergab zur Gabelung bei einer Ruhebank mit Panoramablick auf Heidelberg, hier links. Den Mausbach queren, links ab und steil bergan, nun mit der Markierung Z4. 300 m zu einer Kreuzung; links und erneut den Mausbach queren. Nach 200 m am Querweg scharf rechts. An der Mausbachwiese entlang und am Mausbachbrunnen vorbei. Nach 200 m scharf links und weiter mit der Markierung Z5. An der **Mausbachquelle** 04 vorbei. Rechts auf den Oberen Mausbachweg. Der Linkskurve des Hauptweges aufwärts folgen. Auf die Anhöhe, rechts halten, dann geradeaus zur Wegespinne **Stickelsplatz** 05.

Nun links und weiter mit der Markierung roter Balken. An der Holdermannseiche und an der Hütte Schlossblick beim **Zollstockbrunnen** 06 geradeaus vorbei. Nach ca. 500 m auf den links abzweigenden schmalen Waldweg (Wegweiserstein: Fußweg Heiligenberg). Oberhalb der Thingstätte den roten Balken verlassen und rechts über Stufen zur **Michaelsbasilika** 07 hinauf. Den Herweg wieder zurück, dann geradewegs durch die Thingstätte, rechts zur Forststraße und links bergab.

Nun leitet wieder der rote Balken. An der Waldgaststätte vorbei auf die Fahrstraße. An den Mauerresten des Stephansklosters beim Heiligenbergturm und am Heidenloch vorbei. Etwa 100 m hinter der Rechtskurve der Straße scharf links. Dann sofort rechts talwärts. Zu einem Aussichtspavillon mit Blick auf Heidelberg und rechts bergab auf Asphalt. Bei der **Mönchberghütte** 08 links auf den Bismarcksäulenweg. Nach 400 m rechts und an der Bismarcksäule, ein Aussichtsturm, vorbei auf einen Pfad. Durch die Eichendorffanlage zum Philosophenweg hinab und auf bekanntem Weg zum **Bismarckplatz** 01 zurück.

Die Grundmauern der Michaelsbasilika.

DOSSENHEIM – SCHAUENBURG – WEISSER STEIN

Sandstein und Porphyr

12,5 km 4:00 h 490 hm 490 hm 827

START | OEG-Bahnhof Dossenheim
[GPS: UTM Zone 32 x: 476.060 m y: 5.477.380 m]
CHARAKTER | Waldwanderung mit Panoramablicken.

Herrliche Panoramablicke bis hin zum Pfälzerwald begleiten die Strecke zur Schauenburg. Dann steigt der Wanderweg stetig an und führt auf Pfaden und Forststraßen zur Höhengaststätte Zum Weißen Stein. Nach steilem Abstieg lohnt eine Erkundung des Leferenz-Steinbruchs. Autofahrer können die Wanderung auch dort beginnen.

▶ Beim **OEG-Bahnhof Dossenheim** 01 rechts auf die Bahnhofstraße. Rechts auf die Friedrichstraße. Links auf die Wilhelmstraße. Links auf die Schulstraße. Nun leiten Do1 und das gelbe B. Die Hauptstraße querend auf die Rathausstraße. Gleich links halten. Am Heimatmuseum vorbei auf die Schauenburgstraße. Zur Linkskehre der Straße am Ortsrand, geradeaus zum Parkplatz und links auf einen schmalen Teerweg.

Am Weinberghang bergan zu einer Gabelung und rechts in den Wald, dabei das gelbe B verlassen und weiter mit Do1. Folgende Gabelung rechts und steil bergan. Nächste Gabelung wieder rechts und zum Pavillon oberhalb der **Schauenburg** 02.

Geradeaus weiter auf ebenem Waldweg zu einem Teerweg und links bergan. Geradeaus über eine Kreuzung. Steil bergan und der Rechtskurve des Hauptweges folgen. Geradeaus über die Kreuzung auf der Anhöhe, dann steigungsfrei am Berghang entlang zur weitläufigen Kreuzung beim **Kottenbrunnen** 03. Geradeaus haltend bergan auf gekiester Forststraße.

01 Dossenheim, 108 m; **02** Schauenburg, 270 m; **03** Kottenbrunnen, 330 m; **04** Weißer Stein, 548 m; **05** Drei Eichen, 300 m; **06** Steinbruch, 180 m

Geradeaus über eine Kreuzung, dabei Do1 verlassen und weiter mit Do2. Geradeaus über die nächste Kreuzung. Nach etwa 1 km geradeaus über eine Kreuzung mit Ruhebank. Nach etwa 150 m links auf einen Pfad. Alte Grenzsteine säumen den Weg, der zu einem breiten Querweg führt. Hier links (gelbe 8, gelbes Andreaskreuz). Achtung! Nach etwa 150 m rechts auf einen Pfad, steil bergan zu einem Querpfad und links. Schnurstracks zum Turm auf dem **Weißen Stein** **04**.

Die hohen Bäume schränken den einstigen Panoramablick weitgehend ein. Auf bekanntem Weg zurück, an der Einmündung des

Blick ins Steinbruchmuseum.

Aufstiegsweges vorbei und weiter mit Do2 und der gelben 8. Eine Teerstraße querend auf einen Pfad. Einen Forstweg queren und weiter mit DoV. Weiter bergab. Eine Teerstraße und einen Forstweg links versetzt queren. Zu einer gekiesten Forststraße hinab und links (Do1, gelbe 7). Achtung! Nach etwa 500 m links zum Parkplatz **Drei Eichen** 05.

Zwischen Schutzhütte und Brunnen auf die Forststraße und talwärts (Do1, Do2, rotes Burgensymbol). Etwa 50 m hinter der Linkskurve rechts auf einen unmarkierten Pfad und geradewegs in den **Leferenz-Steinbruch** 06, den wir auf einsetzendem Kiesweg beim Übungsgelände des Dossenheimer Feldbogenvereins erreichen. Ein Abstecher führt gleich rechts zu einem Aussichtspunkt. Weiter bergab und am Abzweig zur Aussicht ins Steinbruchmuseum vorbei. Bei der alten Steinbrecheranlage aus dem Steinbruch heraus und rechts ab (Am Neuberg). Rechts auf die Neubergstraße. Links auf die Wilhelmstraße, und auf bekanntem Weg zum **OEG-Bahnhof Dossenheim** 01 zurück.

Leferenz-Steinbruch

Weithin sichtbar sind die ehemaligen Porphyrsteinbrüche am Hang des Odenwaldes oberhalb von Dossenheim. Der **Leferenz-Steinbruch** ist stillgelegt und für die Öffentlichkeit zugänglich. Er ist Ausgangspunkt mehrerer Wanderparcours von 2,3 bis 14,3 km Länge. Ein Lehrpfad führt durch die Anlage, zu der auch ein Steinbrechermuseum gehört. Es ist an mehreren Öffnungstagen im Jahr für Besucher zugänglich. Der Heimatverein Dossenheim bietet regelmäßig Steinbruchexkursionen an. (www.dossenheim.de)

HANDSCHUHSHEIM – WEISSER STEIN

Über Höhenwege ins Siebenmühlental

9,5 km 3:00 h 350 hm 350 hm 827

START | Handschuhsheim, Parkplatz Turnerbrunnen
[GPS: UTM Zone 32 x: 478.650 m y: 5.475.450 m]
CHARAKTER | Waldwanderung auf überwiegend breiten Wegen, Panoramablicke.

Stetig ansteigend und von Panoramablicken in die Rheinebene begleitet, erreicht der Wanderweg den Weißen Stein mit Turm, Höhengaststätte und Biergarten. Der Rückweg führt durch das lauschige Siebenmühlental, wo es sich an vielen idyllischen Plätzen ausgezeichnet rasten lässt.

▶ Vom Parkplatz beim **Turnerbrunnen** 01, wo sich ein schöner Wasserspielplatz befindet, mit der gelben 5 auf einer Anliegerstraße (Oberer Bahofweg) in den Wald hinauf. Bald säumen zur Rechten Gärten den Weg und es

Aussichtsturm Weißer Stein.

01 Turnerbrunnen, 200 m; 02 Hoher Nistler, 485 m; 03 Sieben Wege, 460 m; 04 Weißer Stein, 548 m; 05 Rauhe Buche, 520 m; 06 Strangwasenbrunnen, 410 m; 07 Buchbrunnen, 290 m

Höhengaststätte Zum Weißen Stein.

öffnen sich Panoramablicke über Handschuhsheim und die Rheinebene bis hin zum Pfälzerwald. An der Handschuhsheimer Hütte und an einer Schranke vorbei. Gleich folgende Gabelung rechts bergan. Über folgende Kreuzung. Nach 600 m der Rechtskehre des Hauptweges folgen. Zur Kreuzung auf der Höhe und links auf den Rückenweg.

Geradeaus halten und über den **Hohen Nistler** 02, knapp unterhalb des Gipfels. Wieder bergab und geradeaus. Am großen Wegweiserstein inmitten der Kreuzung **Sieben Wege** 03 links vorbei, dabei die gelbe 5 verlassen und weiter mit der gelben 8. Wieder bergan. Nach 300 m rechts auf den zweiten Abzweig, ein schmaler Hohlweg. Eine Fahrstraße queren und geradeaus auf breitem Weg (8, gelbes Andreaskreuz). Achtung! Nach etwa 150 m rechts auf einen Pfad, steil bergan zu einem Querpfad und links. Schnurstracks zum Turm auf dem Weißen Stein. Die hohen Bäume schränken den einstigen Panoramablick weitgehend ein. Den **Weißen Stein** 04 auf der Zufahrtsstraße verlassen (gelbe 8). Die Straße in ihrer scharfen Rechtskurve beim Parkplatz **Rauhe Buche** 05 geradeaus verlassen. Zur Wegespinne hinab und rechts. Nach 300 m auf den zweiten Rechts-

Naturschutzgebiet

Das **Siebenmühlental** in Handschuhsheim ist ein ausgewiesenes Naturschutzgebiet mit Nass- und Feuchtwiesen. Es wird vom Mühlbach durchflossen, der am Weißen Stein entspringt. Das Tal ist Lebensraum für zahlreiche Amphibienarten wie Feuersalamander, Grasfrosch, Erdkröte und Bergmolch. Auf den Wiesen kann man 112 Pflanzenarten entdecken. Das Gebiet wird durch ständige Pflegearbeiten erhalten.

abzweig und stetig geradeaus haltend bergab, dabei die gelbe 8 verlassen und weiter mit der gelben 5. Beim Blockhaus am **Strangwasenbrunnen** 06 auf den Asphaltweg der rechten Talseite. Am **Buchbrunnen** 07 vorbei durch das Siebenmühlental zum Parkplatz beim **Turnerbrunnen** 01 zurück.

HANDSCHUHSHEIM – KRODDEWEIHER

Im Handschuhsheimer Feld

  4,5 km 1:15 h 3 hm 3 hm 827

START | Handschuhsheim, OEG-Bahnhof Hans-Thoma-Platz
[GPS: UTM Zone 32 x: 477.020 m y: 5.475.090 m]
CHARAKTER | Auf asphaltierten Wegen durch Feld- und Gartenlandschaft.

Das Handschuhsheimer Feld ist Heidelbergs großer Gemüse- und Obstgarten und zugleich ein Naherholungsgebiet. Locker verteilt stehen an den Feldrändern 13 Lehrtafeln. Sie informieren über die Geschichte des Obst- und Gemüseanbaus, über Anbaumethoden, die Bedeutung im ökologischen Kreislauf und vieles mehr. Auf jeder Tafel befindet sich ein Übersichtsplan, sodass der hier vorgestellte Spaziergang problemlos verändert und erweitert werden kann.

Das Handschuhsheimer Feld ist ein guter Ausgangspunkt für ausgedehnte Rad- und Inlinertouren.

▶ Vom **OEG-Bahnhof** 01 am Hans-Thoma-Platz in **Heidelberg-Handschuhsheim** etwa 100 m ent-

Eine kleine Oase

Der **Kroddeweiher** entstand aus einer Lehmgrube in einer ehemaligen Neckarrinne. Der Teich ist Lebensraum für Amphibien, Libellen und andere Wassertiere und gilt als Oase inmitten der Agrarlandschaft des Handschuhsheimer Feldes. Er ist mittlerweile weitgehend verlandet und droht zu verschwinden.

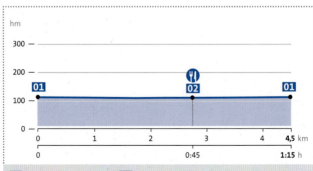

01 Handschuhsheim, 111 m; 02 Kroddeweiher, 109 m

Blick auf Handschuhsheim.

lang der Dossenheimer Landstraße Richtung Dossenheim, dann links auf die Mühlingstraße, die in den Ladenburger Weg übergeht.

Geradewegs ins Handschuhsheimer Feld. An den Tafeln „Geschichte des Obst- und Gemüseanbaus" und „Gemüseproduktion" vorbei zum Querweg bei der Tafel „Ökosystem Boden". Hier rechts. Gleich folgende Kreuzung rechts auf den Allmendpfad. An der Tafel „Wasserversorgung der Felder" vorbei zur Kreuzung mit dem Wiesenweg bei der Tafel „Ökologische Vielfalt". Ein Abstecher führt rechts zur Gaststätte Züchterklause und dem Restaurant **Kroddeweiher** 02 hinter dem sich der Kroddeweiher verbirgt.

Zur Kreuzung mit der Infotafel zurück. Links zur nächsten Kreuzung. Nun links zum Ladenburger Weg und auf bekanntem Weg zum **OEG-Bahnhof** 01 zurück.

10 LANGER KIRSCHBAUM – WEISSER STEIN

Auf dem Abenteuerpfad

4,5 km 1:30 h 110 hm 110 hm 827

START | Wanderparkplatz Langer Kirschbaum zwischen Ziegelhausen und Wilhelmsfeld
[GPS: UTM Zone 32 x: 481.940 m y: 5.478.490 m]
CHARAKTER | Waldspaziergang auf ebenen Wegen.

Dieser bequeme Spaziergang eignet sich sehr gut für einen Ausflug mit Kindern. Sie können den 500 m langen Pfad durch den Abenteuerwald auf eigene Faust erkunden, finden beim Weißen Stein einen Spielplatz, können dort den Steinturm besteigen und mit den Eltern im Biergarten einkehren.

▶ Vom Wanderparkplatz **Langer Kirschbaum** 01 auf dem Teerweg geradewegs in den Wald (Nr. W 10) zum Eingang des Abenteuerpfades bei einer Schutzhütte. Der Pfad durch den Abenteuerwald verläuft parallel zum Teerweg und zieht schließlich an einer Aussichtskanzel vorbei zu ihm zurück. Auf dem Teerweg bleibend an der Schutzhütte bei der Wegekreuzung **Wilhelmsfelder Eck** 02 vorbei. Etwa 600 m zu einer Gabelung. Hier rechts und weiter auf Asphalt, nun unmarkiert.

Geradewegs an einer Schranke vorbei zum **Weißen Stein** 03 mit dem 108 m hohen Funkturm, Gasthaus und Aussichtsturm von 1906. Die hohen Bäume schränken den einstigen Panorama-

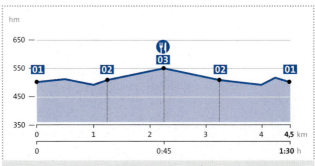

01 Langer Kirschbaum, 500 m; 02 Wilhelmsfelder Eck, 507 m; 03 Weißer Stein, 548 m

Das Tor zum Abenteuerwald.

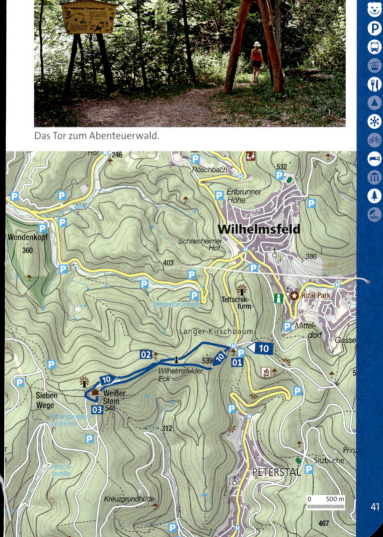

10

Abenteuer für Kinder

Der Weg durch den **Abenteuerwald** gehört laut Infotafel einzig den Waldkindern, die von Erwachsenen höchstens begleitet werden dürfen. Es ist ein meist schmaler Pfad, der parallel zum asphaltierten Hauptweg verläuft. Die Kinder sind manchmal in Sicht- und immer in Rufweite. Sie können am Wegrand Feuchtbiotope und Tierskulpturen aus Holz und Sandstein entdecken und eine Aussichtskanzel besteigen.

blick leider weitgehend ein. Auf bekanntem Weg zurück, aber direkt hinter der Schranke links auf einen schmalen Waldweg, der sich schnell verbreitert. Nun leitet das gelbe Andreaskreuz. (Ist man mit Kinderwagen unterwegs, empfiehlt es sich, auch auf dem Rückweg das Asphaltsträßlein zu benutzen.)

Geradeaus über die bekannte Wegekreuzung beim **Wilhelmsfelder Eck** 02. Am Rechtsabzweig beim Wegweiserstein, der die Grenze zum Gemeindewald Schriesheim bezeichnet, vorbei. Auf folgenden schmalen Rechtsabzweig. Zu einer gekiesten Forststraße und links zum Wanderparkplatz **Langer Kirschbaum** 01 zurück.

Wer noch unternehmungslustig ist, orientiert sich auf der Wandertafel am Parkplatz, quert die Straße nach Wilhelmsfeld und macht einen Spaziergang zum 1 km entfernten Teltschikturm. Er bietet einen hervorragenden Panoramablick über den Odenwald.

Holzskulptur am Abenteuerpfad.

ZIEGELHAUSEN – KÖPFEL – ABTEI NEUBURG

Rund um Ziegelhausen

 10 km 3:00 h 380 hm 380 hm 827

START | S-Bahnhof Schlierbach-Ziegelhausen
[GPS: UTM Zone 32 x: 482.630 m y: 5.473.640 m]
CHARAKTER | Waldwanderung auf überwiegend breiten Wegen; Panoramablicke.

Durch den Wald und nah am Ortsrand bleibend führt diese Tour rund um den kleinen Heidelberger Stadtteil Ziegelhausen. Dabei öffnen sich stets neue Panoramablicke ins Neckartal und es wird die Abtei Neuburg mit Brauerei und Klosterladen besucht.

▶ Von der **S-Bahnstation Schlierbach-Ziegelhausen** 01 über die Brücke nach Ziegelhausen und links auf die Kleingemünder Straße. Geradeaus durch den verkehrsberuhigten Bereich. Hinter Haus Nr. 3 rechts auf die Moselstraße und bergan. Nun leitet die Markierung Nr. 2. Zur Kreuzung auf der Anhöhe und rechts auf den Friedhofsweg. Links auf den Schönauer Abtweg. Geradeaus bergan und mit Asphalt unter den Füßen in den Wald. Zum Querweg auf der Anhöhe bei den Ruhebänken und links. Zur Wegespinne mit Wegweiserstein. Hier links und auf breitem Kiesweg leicht bergab. Am Nordwesthang des Bächenbuckels zieht der Weg in eine scharfe Rechtskurve. Folgende Gabelung links und zur **Pferchelhütte** 02 mit eingezäuntem Freizeitgelände.

01 Bahnhof, 120 m; 02 Pferchelhütte, 240 m; 03 Köpfel, 220 m; 04 Abtei Neuburg, 135 m

Die Abtei Neuburg.

Hier rechts auf einen Waldpfad und bergan. Sofort rechts halten und zum nahen Querweg hinauf. Hier links. Gleich folgenden Abzweig links. Auf gekiestem Waldweg hoch über Ziegelhausen eben am Berghang entlang. Auf dem Hauptweg bleiben, an einem frei stehenden Haus vorbei zur Fahrstraße und links talwärts. Geradeaus nach Ziegelhausen hinab (Sitzbuchweg).

Rechts auf die Ezanvillestraße, links auf Am Bischofsberg (2. Weg!). Im Tal die Peterstaler Straße queren. Am Steinbach entlang den Kreuzgrundweg hinauf. Links auf den geteerten Förster-Bronn-Weg und weiter bergan. Am Linksabzweig beim Wasserbehälter vorbei. Am Ende der Straße, vor dem Privatgrundstück, rechts auf einen Waldpfad. Geradeaus zum Querweg und links. Zum Wasserbehälter und links bergab.

Auf einsetzendem Asphalt am Freizeitzentrum **Köpfel** 03 vorbei. Folgende Querstraße rechts und an der Bushaltestelle (Linie 33) vorbei zum Buswendeplatz. Geradeaus haltend über eine kurze Treppe auf einen Pfad und bergab durch den Wald. Zu einer Pfadkreuzung und rechts. Zum gekiesten Querweg und links. Zur Straße (Stiftsweg) hinab und rechts zur **Abtei Neuburg** 04.

In der scharfen Rechtskurve der Straße links auf einen geteerten Pfad und an der Klostermauer entlang. Die Straße In der Neckarhelle queren, auf einem Pfad an der Wertstoffsammelstelle vorbei und durch die Straßenunterführung. Auf dem Leinpfad am Neckar entlang. Die Markierung Nr. 2 verlassend stets geradeaus. Zur Neckarbrücke und auf bekanntem Weg zum **Ausgangspunkt** 01 zurück.

Vielseitige Benediktinerabtei

In der **Benediktinerabtei Stift Neuburg** leben Mönche nach den Regeln des heiligen Benedikts (www.stift-neuburg.de). In Abstimmung mit der Abtei betreibt die Klosterhof GmbH auf dem Gelände der Abtei naturnahe Landwirtschaft, einen eigenen Hofladen und das Gasthaus zum Klosterhof mit dazugehörigem Biergarten, Tel. 06221/6530559 (www.klosterhof-neuburg.de).

In der Brauerei Zum Klosterhof finden regelmäßig Brauereiführungen statt, Tel. 06221/6520365 (www.brauerei-zum-klosterhof.de). In der Klosterschmiede bietet der Künstler C.M. Beysser Schmiedewochenenden an. Tel. 0176/87201730 (www.beysser.de).

In Kooperation mit Natürlich Heidelberg finden Veranstaltungen für Kinder statt (www.natuerlich.heidelberg.de).

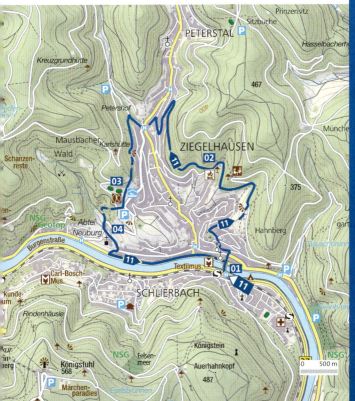

12 NECKARGEMÜND – BAMMENTAL – WIESENBACH

Vom Sinnenpfad in den Bannwald

 14 km   3:30 h   340 hm   340 hm   827

START | Bahnhof Neckargemünd
[GPS: UTM Zone 32   x: 484.700 m   y: 5.471.300 m]
CHARAKTER | Abwechslungsreiche Wanderung auf überwiegend breiten Wegen, meist Waldschatten.

Der Sinnenpfad Neckargemünd, der zu Beginn der Wanderung erkundet wird, lädt zum Tasten, Hören, Spielen und Toben ein und ist ein tolles Ausflugsziel für die ganze Familie.

Es gibt ein Tarzanseil, einen Gnom-Garten, ein Baumtelefon und einen Summstein, Träumerliegen, einen Barfußpfad und vieles mehr. Dieses Teilstück der Wanderung kann auch gut mit dem Kinderwagen erkundet werden (www.sinnenpfad.de).

▶ Vom Bahnhof **Neckargemünd** 01 durch die Unterführung und links auf die Güterbahnhofstraße. Sie geht in die Banngartenstraße über und diese in den Alten Bammentaler Weg. Beim Friedhof am Wanderparkplatz vorbei, rechts und an der Rückseite des Friedhofs entlang bergan. Auf dem breiten Kiesweg bleibend (Waldhilsbacher Sträßel, Weg Nr. 9) an den Stationen des Sinnenpfades vorbei, über den **Mélac-Pass** 02 und nach **Waldhilsbach** 03 hinab.

01 Bahnhof, 125 m; 02 Mélac-Pass, 246 m; 03 Waldhilsbach, 200 m;
04 Weihwiesenbach, 180 m; 05 Bammental, 125 m; 06 Wiesenbach, 125 m;
07 Burgruine Reichenstein, 170 m

Auf dem Sinnenpfad.

Auf der Schulstraße bergab. Die Gabelung unterhalb der Kirche links. Beim Gasthaus Rössel links auf die Heidelberger Straße. Nun rechts haltend auf die Gaiberger Straße. Nun leitet das rote Kreuz. Geradewegs aus dem Ort und auf einsetzendem Wirtschaftsweg ins Tal.

Über den **Weihwiesenbach** 04 zur Schutzhütte und links. Nun leitet das weiße Kreuz. Am Ortsrand von **Bammental** 05 rechts auf die Oberdorfstraße und bergab. Links auf die Hauptraße, die in die Wiesenbacher Straße übergeht und unter der Bahnstrecke hindurch. Auf der Steinbrücke über die Elsenz und vorsichtig die Wiesenbacher Landstraße queren. Steil bergauf in den Wald, anfangs über Stufen, dann auf einem Pfad.

Auf der Höhe vor dem Waldrand links auf einen Trampelpfad. Aus dem Wald und links auf einen Wirtschaftsweg. Den geteerten Querweg rechts. Vor der Bundesstraße links zum Biddersbach. Nun rechts und durch die Unterführung der B 45. Zur Straße In der Au am Ortsrand von **Wiesenbach** 06 und links.

Nun leitet der blaue Balken. Beim Kreisverkehr über den Zebrastreifen und rechts. Gleich links auf den Geh- und Radweg und auf gleich folgenden Linksabzweig (Schillerstraße). Geradeaus in den Wald und dem Hauptweg folgen. Er führt bald oberhalb des Elsenztals am Rand des Bannwaldes Hollmuth entlang. Am Linksabzweig zur Siedlung Walkmühle vorbei. Nach etwa 30 m rechts auf einen Waldpfad und bergan. Gleich wieder links. Folgende Gabelung rechts. Zu einem Querweg hinauf und rechts bergan. Geradeaus über eine Kreuzung auf eine Teerstraße und nach Neckargemünd hinein.

Folgende Gabelung rechts bergan (Hollmuthstraße). Geradeaus auf die Reichensteinstraße. Folgenden Abzweig links zur **Burgruine Reichenstein** 07. In der Burgruine links durch einen Torbogen, dann rechts auf einen Pfad. Zur Kurve einer Teerstraße und links bergab (Am Mühlrain). Folgenden Abzweig scharf rechts und geradeaus in die Mühlgasse. Auf folgender Fußgängerbrücke geht es über die Elsenz. Nun leiten das rote Kreuz und das gelbe R. Auf dem Gehweg zur Bgm.-Müßig-Straße und nach links. Beim Baumarkt die B 45 querend auf die Elisabeth-Walter-Straße. Gleich rechts abbiegen auf die Banngartenstraße (unmarkiert) und auf bekanntem Weg zum **Bahnhof** 01 zurück.

An der Elsenz in Neckargemünd.

NECKARGEMÜND – NECKARSTEINACH – DILSBERG

Burgenwanderung

 12 km 4:00 h 450 hm 450 hm 827

START | S-Bahnstation Neckargemünd-Altstadt
[GPS: UTM Zone 32   x: 485.680 m   y: 5.471.040 m]
CHARAKTER | Forstwege, steinige Pfade, Panoramablicke, Wasser und Wald.

Das Vier-Burgen-Eck von Neckarsteinach und die Feste Dilsberg sind die kulturellen Höhepunkte dieser Wandertour, die immer wieder atemberaubende Ausblicke bietet. Drei Türme können bestiegen werden und der Tag kann im Terrassenschwimmbad Neckargemünd seinen Ausklang finden. Will man die Sehenswürdigkeiten näher in Augenschein nehmen, ist schnell ein ganzer Tag vergangen. Auf dem Saumpfad zum Schwalbennest ist Trittsicherheit und festes Schuhwerk nötig. Dieser malerische Streckenabschnitt führt durch ein Naturschutzgebiet und man muss mit umgestürzten Bäumen rechnen. Auf Kinder muss auf dem Saumpfad und bei den Burgerkundungen gut aufgepasst werden. Wer die Strecke abkürzen will, fährt ab Dilsberg mit dem Stadtbus 753 zurück.

▶ Zum Ende von Gleis 1 der **S-Bahnstation Neckargemünd-Altstadt** 01, die Treppe hinab und die Dilsberger Straße queren. Über die Eisenbahnbrücke, links zum Neckar

01 S-Bahnhof, 125 m; 02 Buswendeplatz, 187 m; 03 Schwalbennest, 190 m; 04 Mittelburg, 140 m; 05 Neckarsteinach, 115 m; 06 Dilsberg, 288 m; 07 Lochmühle, 140 m; 08 Bockfelsenhütte, 210 m

hinab und rechts auf den Teerweg. Nun leitet die Markierung Ns4. Beim Hotel Zum Schwanen rechts auf die Bergstraße, durch die Unterführung der B 37 und auf der Bergstraße steil bergan durch Kleingemünd.

Links am Haus Felsenberg vorbei. Folgende Gabelung, vor dem alten Schulhaus, links und auf einsetzendem Kiesweg am Waldrand entlang zum **Buswendeplatz** 02. Den Platz querend auf den nahen Forstweg, nun mit der Nr. 6. Gleich folgende Gabelung links. Nach etwa 1,25 km, in der Linkskehre des Forstweges, geradeaus. Gleich links halten und bergab auf schmalem Waldweg (unmarkiert), der sich schnell zu einem steinigen Pfad verengt. Am Berghang entlang zu einem Forstweg und rechts bergab (Nr. 3). Etwa 50 m hinter der Burg Schadeck, auch **Schwalbennest** 03 genannt, rechts auf Stufen und im Zickzack bergab zu einem Waldweg. Ein Abstecher führt rechts zum Schwalbennest, bevor es links talwärts geht. Nach 500 m rechts auf einen Pfad. An einer Schutzhütte vorbei zu einem Waldweg

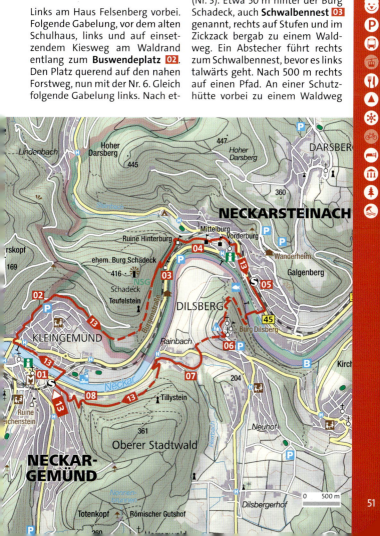

und rechts. Geradewegs an der Hinterburg vorbei und weiter geradeaus, dabei Nr. 3 verlassen. Hinter der bewohnten **Mittelburg** 04 rechts ab (Ns1). Gleich links auf die Schlosssteige und nach **Neckarsteinach** 05 hinab.

Links zum Rathaus und rechts in die Hirschgasse, nun wieder mit Nr. 3. Beim Bürgerhaus rechts. Geradeaus zum Neckar und links (blaues N des Neckarsteiges). Auf einer Brücke über die Steinach, über das Stauwehr und links. Nach etwa 100 m rechts auf einen Pfad und mit dem blauem N, rot-weißem Quadrat und Ns3 in den Wald hinauf. Folgenden Abzweig scharf rechts. 800 m zu einer Kreuzung und links bergan. Auf steilem Serpentinenpfad auf den **Dilsberg** 06.

Bei der Friedenslinde durch das schmiedeeiserne Tor und geradewegs auf der Unteren Straße durch den Ort. Durch den Torturm und rechts auf den Richard-Schirrmann-Weg. Nun übernimmt das rote Kreuz die Führung. Bei den Parkplätzen links auf Stufen und bergab auf schmalem Teerweg zur Kreuzung beim Siedlungshof. Hier links. Vorsichtig die Neckargemünder Straße queren und bergab. An der **Lochmühle** 07 vorbei zum Ortsrand von Rainbach.

Rechts auf die Straße Am Mühlwald. Links auf den Gehweg der Straße nach Neckargemünd. Nach etwa 100 m scharf links auf einen Waldweg. Etwa 50 m hinter der scharfen Rechtskurve des Weges links auf einen Waldweg. Gleich folgenden Abzweig scharf rechts. Nun geradeaus zum breiten Bockfelsenweg hinauf und rechts. An der **Bockfelsenhütte** 08 vorbei. Gleich rechts auf einen Pfad. Zum Waldrandweg hinab und links. Rechts auf folgende Treppe. Zur Straße Am Kastanienberg hinab und rechts. Am Schulzentrum vorbei zum **Ausgangspunkt** 01 zurück.

Im Nibelungengarten Neckarsteinach.

NECKARGEMÜND – NONNENBRUNNEN – DILSBERG

Ritter und Römer

  16 km 4:30 h 420 hm 420 hm 827

START | S-Bahnstation Neckargemünd-Altstadt
[GPS: UTM Zone 32   x: 485.680 m   y: 5.471.040 m]
CHARAKTER | Abwechslungsreiche Wanderung mit Panoramablicken, überwiegend Waldschatten.

Im Herrenwald überraschen die Mauern eines römischen Gutshofes und ein rekonstruierter Römerbrunnen. Von dort führen schattige Wege auf die mittelalterliche Feste Dilsberg, die hoch über dem Neckartal thront.

Mit einem Panoramablick von der Bockfelsenhütte schließt sich der Kreis. Wer die Wanderung abkürzen will, fährt ab Dilsberg mit dem Stadtbus 753 zurück und kann die Wanderung im Terrassenschwimmbad ausklingen lassen.

▶ Von Gleis 2 der **S-Bahnstation Neckargemünd-Altstadt** 01 zur nahen Straße Alter Postweg vor dem Schulzentrum und links bergan (offenes weißes Dreieck, blaues N des Neckarsteiges). Bei Haus 66 links auf die Treppe, zum Waldrand hinauf und rechts. Nun leitet das offene weiße Dreieck. Auf den nächsten Linksabzweig, bergan und eine Forststraße (Weinbergweg) querend auf den Forlenwaldweg. Bei der Schutzhütte geradeaus über die Wegespinne auf den Ringweg Süd. Auf den zweiten Rechtsabzweig (Grenzweg).

01 S-Bahnhof, 125 m; 02 Nonnenbrunnen, 260 m; 03 Langenzeller Buckel, 216 m; 04 Dilsberg, 288 m; 05 Lochmühle, 140 m; 06 Bockfelsenhütte, 210 m

Rechts haltend 1km durch den Wald, dann links ab (Nr. 3, offenes weißes Dreieck) und talwärts. Wenige Meter hinter dem links des Weges liegenden **Nonnenbrunnen** 02 kreuzt ein Pfad den Forstweg. Ein Abstecher führt mit der Markierung 3 links auf den Pfad zur etwa 150 m entfernten Villa Rustica, ein römischer Gutshof, dessen Grundmauern erst 1970 wiederentdeckt wurden. Auf gleichem Weg zurück und mit der Nr. 3, N und Ns3 den Forstweg querend talwärts zum Asphaltweg bei der Herrenwaldhütte; ein guter Platz für eine Rast. Hier links und weiter mit Nr. 3. Über eine Kreuzung. Halblinks über die nächste Kreuzung (Dilsberger Weg) und weiter mit dem offenen weißen Dreieck auf breitem Schotterweg. Die Römerstraße queren und gleich folgenden Querweg links (Römersträßel).

Die K 4200 hin zum Wanderparkplatz **Langenzeller Buckel** 03 querend auf einen breiten Kiesweg. (Wanderweg Römerstraße, Fürstenwerthweg). Zur Kreuzung beim Lehenwald-Pavillon und links. Folgende Gabelung links. Folgende Kreuzung halblinks (Haberwaldweg). Nun leitet das rot-weiße Quadrat. Nach 900 m auf den zweiten der beiden Linksabzweige (Ratsackerweg). Die Ackerflur streifend auf die Anhöhe und rechts auf einen Pfad. Zur nahen Teerstraße beim Schützenverein und links. Folgenden Abzweig rechts (Bannholzweg, rotes Kreuz, rotweißes Quadrat) und geradeaus nach Neuhof, Ortsteil von Dilsberg.

Auf der Straße Am Schänzel und der Straße An der Steige zur Feste **Dilsberg** 04 hinauf. Vor dem Torturm links auf den Richard-Schirrmann-Weg. Nun übernimmt das rote Kreuz die Führung. (Zuvor lohnt eine nähere Erkundung. Ein ausgeschilderter Rundweg führt durch den mittelalterlichen Ort.) Bei den Parkplätzen links auf Stufen und bergab auf schmalem Teerweg zur Kreuzung beim Siedlungshof. Hier links. Vorsichtig die Neckargemünder Straße queren

Das Kommandantenhaus der Feste Dilsberg.

und bergab. An der **Lochmühle** 05 vorbei zum Ortsrand von Rainbach. Rechts auf die Straße Am Mühlwald. Links auf den Gehweg der Straße nach Neckargemünd. Nach etwa 100 m scharf links auf einen Waldweg. Etwa 50 m hinter der scharfen Rechtskurve des Weges links auf einen Waldweg. Gleich folgenden Abzweig scharf rechts. Nun geradeaus zum breiten Bockfelsenweg hinauf und rechts. An der **Bockfelsenhütte** 06 vorbei. Gleich rechts auf einen Pfad. Zum Waldrandweg hinab und links. Rechts auf folgende Treppe. Zur Straße Am Kastanienberg hinab und rechts. Am Schulzentrum vorbei zum **Ausgangspunkt** 01 zurück.

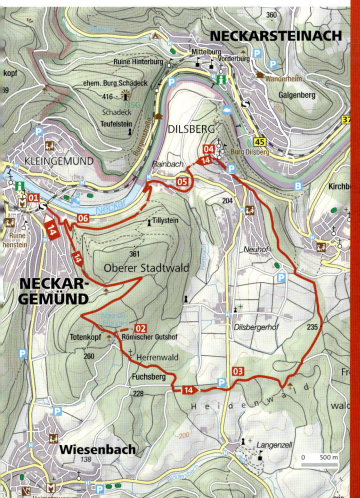

MAUER – WIESENBACH – NECKARGEMÜND

Ausflug in die Urgeschichte

11,5 km   3:30 h   145 hm   148 hm   827

START | S-Bahnstation Mauer
[GPS: UTM Zone 32   x: 485.140 m   y: 5.464.820 m]
CHARAKTER | Wald und offene Flur.

Diese Wanderung gibt Einblick in die Erd- und Menschheitsgeschichte der Region. Sie erkundet zuerst den Lehrpfad Elsenzaue, führt dann zum Fundort des Urmenschen und über den Bannwald Hollmuth zurück.

Sonntags ist das Infozentrum des Vereins Homo heidelbergensis geöffnet. Dann kann der erste Abschnitt der Wanderung und der Besuch des Urgeschichtlichen Museums im Rathaus Mauer unter sachkundiger Führung unternommen werden. Bis Wiesenbach ist der Weg teilweise ausgeschildert, aber nicht markiert. Zwischen Mauer und Neckargemünd verkehrt eine S-Bahn.

▶ Von der **S-Bahnstation Mauer** 01 auf der Bahnhofstraße Richtung Mauer-Mitte. Vor der Elsenzbrücke führt ein Abstecher rechts auf einen Wirtschaftsweg und somit auf den Lehrpfad Elsenzaue. Über folgende Brücke ans andere Ufer. Erst geradewegs in die Wiese, dann links zur Elsenz beim Sportplatz zurück. Wieder am Ufer entlang und an einem Spielplatz vorbei zur Bahnhofstraße. Nun rechts, am **Heidschen Haus** 02 vorbei und

01 S-Bahnhof, 132 m; 02 Heidsches Haus, 136 m; 03 Sandgrube, 160 m;
04 Wiesenbach, 125 m; 05 Burg Reichenstein, 170 m; 06 S-Bahnhof, 125 m

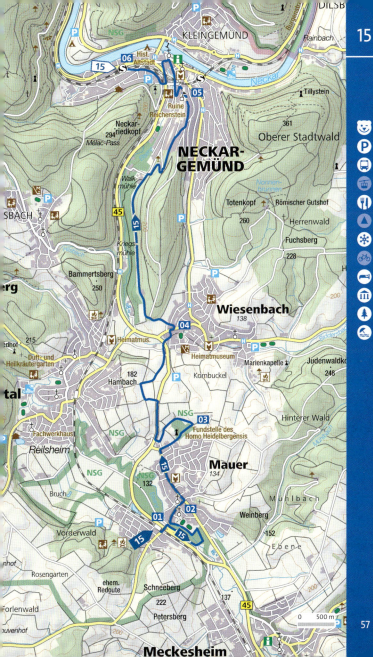

In der Sandgrube Grafenrain.

Homo heidelbergensis

Der Fund des Unterkiefers des Homo heidelbergensis am 21. Oktober 1907 in der Sandgrube Grafenrain bei Mauer war eine internationale wissenschaftliche Sensation. Er belegt, dass bereits vor über 600.000 Jahren Menschen im heutigen Rhein-Neckar-Dreieck lebten.

Der Verein Homo heidelbergensis lädt von April bis Oktober jeden Sonntag um 14.00 Uhr zu kostenlosen öffentlichen Führungen ein. Das Steinzeitatelier des Infozentrums bietet ein Mitmachprogramm für Kinder und Erwachsene an.

Adresse:
Homo heidelbergensis von Mauer e.V., Bahnhofstr. 4, 69256 Mauer
(www.homoheidelbergensis.de).

links auf die Heidelberger Straße. Den Schildern des Zeitenpfades folgend geradewegs durch Mauer.

Am Rathaus mit dem Urgeschichtlichen Museum vorbei zur Kreuzung bei REWE. Hier rechts und geradewegs in die **Sandgrube Grafenrain 03**, Fundort des Homo heidelbergensis. Beim Rastplatz nahe der Fundstelle links haltend auf einen Pfad. Zum Querweg hinauf und links. Geradeaus auf einen Teerweg und zur Kreuzung oberhalb von REWE. Hier rechts bergan parallel zur B 45. Über folgende Brücke. Zur Kreuzung beim Mobilfunkmast und rechts. Auf folgenden Rechtsabzweig und bergab. In der Linkskurve im Tal rechts ab zum Biddersbach (weißes Kreuz). Wieder rechts und durch die Unterführung der B 45. Zur Straße In der Au am Ortsrand von **Wiesenbach 04** und links. Nun leitet der blaue Balken. Beim Kreisverkehr über den Zebrastreifen und rechts. Gleich links auf den Geh- und Radweg und auf den folgenden Linksabzweig (Schiller-

Das Heidsche Haus.

straße). Geradeaus in den Wald und dem Hauptweg folgen. Er führt bald oberhalb des Elsenztals am Rand des Bannwaldes Hollmuth entlang.

Am Linksabzweig zur Siedlung Walkmühle vorbei. Nach etwa 30 m rechts auf einen Waldpfad und bergan. Gleich wieder links. Folgende Gabelung rechts. Zu einem Querweg hinauf und rechts bergan. Geradeaus über eine Kreuzung auf eine Teerstraße und nach Neckargemünd hinein. Folgende Gabelung rechts bergan (Hollmuthstraße). Geradeaus auf die Reichensteinstraße. Folgenden Abzweig links und zur **Burgruine Reichenstein** 05. In der Burgruine links durch einen Torbogen, dann rechts auf einen Pfad. Zur Kurve einer Teerstraße und links bergab (Am Mühlrain). Folgenden Abzweig scharf rechts. Geradeaus in die Mühlgasse. Auf folgender Fußgängerbrücke über die Elsenz. Nun leiten das rote Kreuz und das gelbe R. Auf dem Gehweg zur Bgm.-Müßig-Straße und links. Beim Baumarkt die B 45 querend auf die Elisabeth-Walter-Straße. Gleich rechts auf die Banngartenstraße (unmarkiert), zum **Bahnhof** 06 und mit der S-Bahn zurück.

Museum

Das Urgeschichtliche Museum in Mauer, Heidelberger Str. 34, ist während der Öffnungszeiten des Rathauses frei zugänglich. In der Hominidenvitrine ist die weltweit einmalige Sammlung mit Nachbildungen von europäischen und afrikanischen Vertretern der Art „Homo heidelbergensis" zu sehen. Die Ausstellung zeigt außerdem eine repräsentative Auswahl der über 5.000 fossilen Knochen von Säugetieren, die in den Mauerer Sanden gefunden wurden – der Unterkiefer des Homo heidelbergensis ist der einzige menschliche Überrest.

16 WILDPARK LEIMEN – WEISSE HOHLE

Durch den Hirschgrund

  8,5 km 2:15 h  200 hm 200 hm 827

START | Parkplatz Hirschgrund beim Wildpark Leimen
[GPS: UTM Zone 32   x: 478.650 m   y: 5.466.840 m]
CHARAKTER | Waldwanderung auf Forststraßen und Pfaden.

Diese leichte Waldwanderung führt vom kleinen Wildpark Leimen zur Weißen Hohle, einer außergewöhnlichen geologischen Formation. Beim Wildpark können Kinder im Spukwald auf Entdeckungstour gehen. Außerdem befinden sich dort Spielgeräte für jedes Alter, eine Kletterlandschaft, ein Tiergehege und das Restaurant Naturfreundehaus. Viele Infotafeln säumen den Weg.

▶ Vom Parkplatz Hirschgrund beim **Wildpark Leimen** `01` mit der gelben 10 auf einer Asphaltstraße in den Wald. Über die Prinzenbrücke. Bis zur Weißen Hohle leitet nun der rote Balken.

Im Wildpark Leimen.

`01` Wildpark Leimen, 200 m; `02` Rheinblick, 240 m; `03` Weiße Hohle, 215 m; `04` Kühweg, 320 m

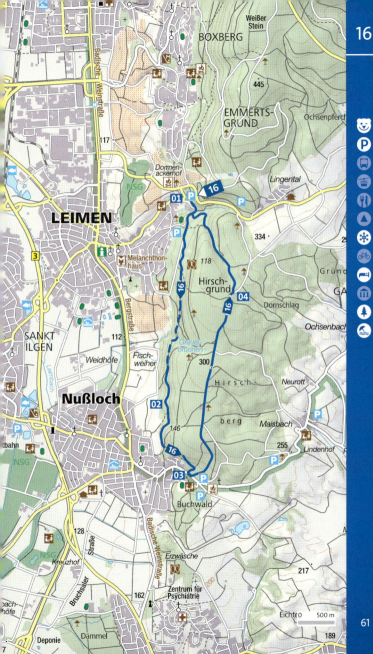

Am Eingang zur Weißen Hohle.

Folgende Gabelung rechts. Nächste Gabelung links bergan. Folgende Gabelung links. Achtung! Nach etwa 1 km rechts auf einen Pfad und bergab. Etwa 500 m geradeaus. Dann, hinter der scharfen Rechtskurve, die Gabelung links. Zur Gabelung einer Forststraße und auf den linken Zweig (Hutpfad). An einer Schranke vorbei und gleich links auf eine Treppe. Steil bergan.

Auf der Anhöhe, zur Rechten, befindet sich der Aussichtspunkt **Rheinblick 02**, links auf einen Pfad. Weiter bergan zu einer Forststraße. Hier rechts (Richtstattweg) und zum Parkplatz **Weiße Hohle 03** am Ortsrand von Nußloch hinab. Hier links und den Hirschberg hinauf durch die Weiße Hohle, ein eindrucksvoller Hohlweg (unmarkiert). Die einstige Markierung Wi10 ist weitgehend verblasst. Der Hohlweg endet an einer Kreuzung. Rechts zu einer breiten Forststraße und links, nun mit der Markierung gelbe 3. An einer Schutzhütte vorbei, über eine Anhöhe und bergab. Geradeaus über die Kreuzung am Amerikanerweg auf den Wieslocher Weg, dabei die Markierung 2 und 3 verlassen und unmarkiert weiter. Hinter der scharfen Rechtskurve einem hölzernen Wegweiser links auf den **Kühweg 04** folgen, ein breiter Hohlweg. Bergab und geradeaus halten, bald von der Markierung rotes Kreuz begleitet. Über die Prinzenbrücke und auf bekanntem Weg zum Ausgangspunkt am **Wildpark 01** zurück.

Den Römern auf der Spur?

Der Hohlweg **Weiße Hohle** entstand durch Menschen und geht vermutlich auf römische Zeit zurück. Er ist Teil eines alten Weges, der Nußloch mit Maisbach verband. Die mächtigen Lössablagerungen der Region werden beim Durchwandern des Hohlweges deutlich. Die steilen Wände erreichen eine Höhe bis zu sechs Metern.

EMMERTSGRUND – POSSELTSLUST – GAIBERG

Durch den südlichen Stadtwald

  14 km 3:30 h  460 hm 460 hm 827

START | Bushaltestelle Emmertsgrund, Endstation
[GPS: UTM Zone 32 x: 478.440 m y: 5.467.830 m]
CHARAKTER | Auf überwiegend breiten Wegen durch Wald und offene Flur.

Diese Tour beginnt mit einer ausgedehnten Strecke durch schattigen Wald, der sich bei der Posseltslust für einen herrlichen Panoramablick öffnet. Von dort ist es nur ein Katzensprung zur Einkehr im Kohlhof, bevor es erneut durch Wald zum Bärenbrunnen, dem Wahrzeichen Gaibergs geht. Ist man mit Kindern unterwegs, lohnt ein Besuch des Wildgeheges mit Abenteuerspielplatz am Ortsrand von Leimen.

▶ Von der Bushaltestelle **Emmertsgrund** 01 (Endstation) über den Wendeplatz auf einen Pfad und bergan. Es leitet der rote Balken. Auf den einsetzenden schmalen Teerweg. Links auf die Querstraße. Nach etwa 100 m rechts auf den Waldpfad Richtung Speyererhof und bergan. Einen Waldweg queren. Folgenden Querweg rechts und bergan. Es leitet der rote Balken. Auf den einsetzenden schmalen Teerweg. Links auf die Querstraße. Nach etwa 100 m

01 Emmertsgrund, 230 m; 02 Drei Eichen, 464 m; 03 Posseltslust, 480 m; 04 Stefanshütte, 380 m; 05 Bärenbrunnen, 300 m; 06 Gaiberg, 290 m; 07 Verlobungseiche, 330 m; 08 Prinzenbrücke, 210 m

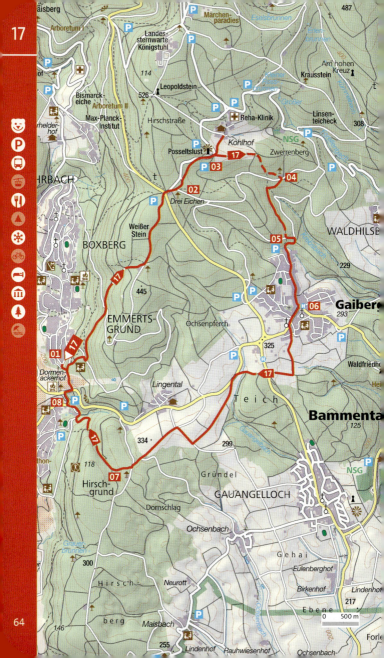

rechts auf den Waldpfad Richtung Speyererhof und bergan. Einen Waldweg queren. Folgenden Querweg rechts und bergan auf Asphalt. Gleich scharf links (Gossenbrunnenweg) und weiter bergan. Auf der Anhöhe geradeaus über eine Kreuzung auf den Teerweg Richtung Drei Eichen und weiter bergan. Zur Kreuzung beim Waidhaus, links auf die Forststraße und zum Parkplatz **Drei Eichen** 02.

Die Straße in Richtung Waldhilsbach queren. Nun leitet das weiße Kreuz. Gleich rechts ab und über die Parkstraße. Hinter der Schranke die Gabelung links (Oberer Haberschlagweg). Geradeaus halten, die Straße zum Speyerer Hof queren und zur **Posseltslust** 03. Bei der Bushaltestelle die Straße in einen Feldweg hinein queren. Zur Einkehr bietet sich ein Abstecher an: Unmittelbar neben der Bushaltestelle führt ein unmarkierter Wiesenpfad zum nahen Landgasthof Kohlhof hinab.

Auf dem Feldweg bergab und in den Wald. Sofort, beim Wegweiserstein, rechts Richtung Gaiberg. Folgenden Querweg links. Bei der **Stefanshütte** 04 halbrechts Richtung Drei Eichen. Nun leitet das weiße Andreaskreuz. Nach etwa 800 m, in der scharfen Rechtskurve, links auf einen Pfad. Zu einem Forstweg hinab und links. Folgenden Querweg rechts. Gleich wieder rechts und zum **Bärenbrunnen** 05 am Ortsrand von **Gaiberg** 06.

Auf der Straße durch den Ort. Rechts auf die Durchfahrtsstraße (Hauptstraße) und bergan. Bei der Kirche St. Michael links auf die Gartenstraße. Geradeaus auf einen Wirtschaftsweg und durch Obstbaumwiesen und Felder bergab. Nun leitet das rote Kreuz. Geradeaus halten. Zum Querweg am Waldrand und rechts bergan durch die Feldflur. Die Straße nach Gauangelloch queren. (Folgt man der Straße 500 m nach rechts,

Die Posseltslust.

erreicht man den Berghof Weinäcker). Am Waldrand entlang und bald steil bergab. Links auf die Straße nach Lingental, aber gleich links auf einen Betonweg. Durch die Feldflur zum Ende des Betonweges und rechts auf einen Kiesweg. Folgenden Querweg, oberhalb der Eventgastronomie Landgut Lingental, links. Geradeaus in den Wald. Einen Teerweg queren. An der rund 300 Jahre alten **Verlobungseiche** 07 vorbei. Stets bergab und auf dem Hauptweg bleiben. Geradeaus am Wildgehege bei Leimen vorbei, dabei das rote Kreuz verlassen und weiter mit dem roten Balken. Über die **Prinzenbrücke** 08. Rechts auf die Straße nach Leimen und bergan. Gleich links auf die Heltenstraße. Durch die Unterführung und geradeaus über den Weinberg in den Wald. Auf einem Pfad zur Asphaltstraße und rechts zur Bushaltestelle **Emmertsgrund** 01 zurück.

Kraichgaublick von Gaiberg.

NECKARGEMÜND – ZIEGELHAUSEN – HEIDELBERG

Hoch über dem Neckartal

  15,5 km 4:30 h 622 hm 632 hm 827

START | Bahnhof Neckargemünd
[GPS: UTM Zone 32 x: 484.700 m y: 5.471.300 m]
CHARAKTER | Waldwanderung mit herrlichen Panoramablicken, überwiegend breite Wege, kräftige Steigungen und Gefälle.

Herrliche Panoramablicke begleiten diese ausgedehnte Waldwanderung, die über Ziegelhausen auf den berühmten Philosophenweg führt. In Ziegelhausen lohnt ein Abstecher zur Abtei Neuburg mit Klosterladen und Brauerei, Hof-Café und Biergarten.

▶ Vom **Bahnhof Neckargemünd** 01 durch die Unterführung. Links auf die Güterbahnhofstraße. Bei der Feuerwehr rechts auf die Schützenhausstraße. Die Gabelung bei der Gehörlosenschule links bergan. Links auf die Hermann-Walker-Straße. Zur Ruhebank und rechts. Gleich folgende Gabelung links (Wegweiserstein Richtung Königstuhl) und in den Wald.

Zum Waldkindergarten hinauf und rechts bergan (Linsenteichweg). Nun leitet das gelbe R. Zur Kreuzung auf der Höhe und rechts. Die Strecke deckt sich nun das kurze Stück bis zum Linsenteicheck mit der vom Königstuhl kommenden „via naturae".

01 Neckargemünd, 125 m; 02 Linsenteicheck, 308 m; 03 Schlierbach, 125 m; 04 Ziegelhausen, 120 m; 05 Mausbach, 210 m; 06 Hölderlinanlage, 210 m; 07 Bismarckplatz, 115 m

Über die Kreuzung beim **Linsenteicheck** 02 und geradeaus haltend bergab auf breiter Forststraße. An der Gemsenberghütte und dem Vögele-Brunnen vorbei. Die Gabelung am Ortsrand von Schlierbach links. Nach etwa 300 m rechts ab, dabei das gelbe R verlassen und weiter mit dem weißen Andreaskreuz.

Zum Bahnhof **Schlierbach-Ziegelhausen** 03 und über die Neckarbrücke nach **Ziegelhausen** 04. Links auf die Kleingemünder Straße und geradewegs durch die verkehrsberuhigte Zone. Nun leitet das rote R. Am Ende der Kleingemünder Straße links. Geradeaus auf die Straße In der Neckarhelle. Nach etwa 300 m rechts auf den Neuen Weg. Bei Haus Nr. 5 rechts eine steile Treppe hinauf. Oben angekommen links und weiter auf dem Neuen Weg. Folgende Gabelung rechts.

Blick ins Neckartal bei Ziegelhausen.

Den Stiftweg queren und weiter auf einem Pfad mit Blick auf die Abtei Neuburg. Die Straße zum Köpfel querend auf einen Pfad. Am Berghang entlang und durch ein Waldstück zum Buswendeplatz am Köpfel hinauf. Links auf die Anliegerstraße, aber gleich links auf einen Waldweg. Den **Mausbach 05** querend über eine Kreuzung. Zur Gabelung mit Blick auf Heidelberg und rechts bergan. Am Wasserbehälter Haarlass vorbei. Auf dem einsetzenden Philosophenweg an der Moltkehütte, am Webersbrunnen, an der Odenwälder Hütte und an der **Hölderlinanlage 06** vorbei. Nun mit Asphalt unter den Füßen über das berühmte Teilstück des Philosophenweges mit herrlicher Aussicht auf Altstadt und Schloss. Nach Heidelberg-Neuenheim hinab und über die Theodor-Heuss-Brücke zum **Bismarckplatz 07**.

Wegweiserstein im Stadtwald.

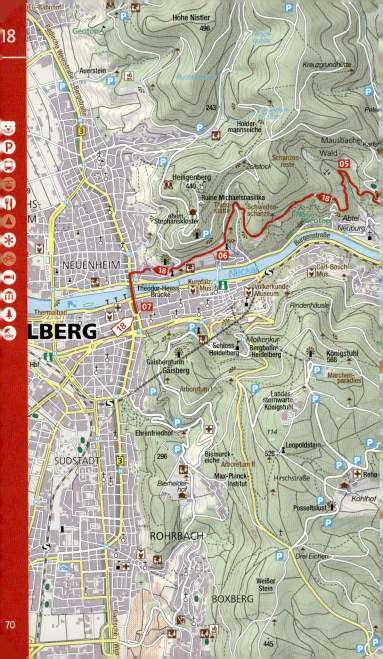

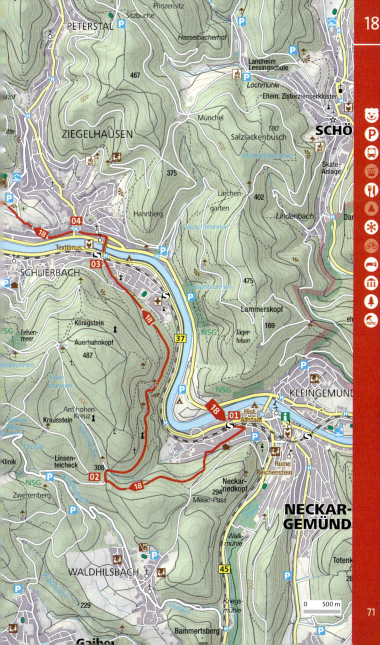

HEIDELBERG – SCHWABENHEIM – LADENBURG

Auf dem Neckarweg

 11,5 km 3:00 h 16 hm 32 hm 827

START | Heidelberg, Bismarckplatz
[GPS: UTM Zone 32   x: 477.740 m   y: 5.473.000 m]
CHARAKTER | Leichte Wanderung auf dem Leinpfad und auf Wirtschaftswegen am Neckar entlang.

Diese leichte Wanderung führt stets dicht am Neckar entlang und berührt etliche Ausflugsziele; den Wasserspielplatz auf der Neckarwiese, den Zoo, das Tiergartenschwimmbad und nicht zuletzt das mittelalterliche Städtchen Ladenburg. Dort bietet sich ein Spaziergang durch die Altstadt an.

▶ Beim **Bismarckplatz** 01 die Sophienstraße queren und links. Über die Theodor-Heuss-Brücke und zur Neckarwiese hinab. Auf der ganzen Strecke leitet nun das rote R. Am Wasserspielplatz bei der DLRG-Station vorbei. Die Ernst-Walz-Brücke unterqueren. Zur Rechten erstreckt sich das Neuenheimer Feld mit den medizinischen Instituten der Universität und dem Botanischen Garten. Am Wieblinger Wehr vorbei und nun am Neckarkanal entlang, hinter dem der ruhige Altneckar fließt. Es folgen der Heidelberger **Zoo** 02, die Jugendherberge, das Sportgelände der TSG 1878 Heidelberg und das Tiergartenschwimmbad. Weiter auf dem schmalen Leinpfad. An einer Kläranlage vorbei. Die Brücke der A 5 unterqueren und

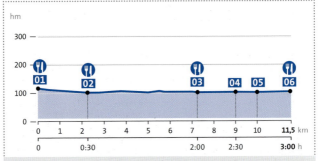

01 Bismarckplatz, 115 m; 02 Zoo, 100 m; 03 Schwabenheim, 100 m;
04 NSG Neckaraue, 101 m; 05 Fähre, 100 m; 06 Bhf. Ladenburg, 102 m

In der Ladenburger Altstadt.

an der Schleuse Schwabenheim vorbei. Dort fließt der Neckarkanal mit dem Altneckar zusammen. Am Rand des Weilers **Schwabenheim 03** entlang. Nun immer links haltend auf breitem Weg am Fluss entlang. Linker Hand kommt Edingen-Neckarhausen in den Blick. Durch das **Naturschutzgebiet Neckaraue 04**, dann den breiten Weg nach links verlassen. Zum Ortsrand von Ladenburg beim Freibad und der **Fähre 05** nach Neckarhausen. Nun an der Neckarwiese entlang. (Am weithin sichtbaren Wasserturm vorbei und die Neckarstraße querend erreicht man die Altstadt.) Bei der Schiffsanlagestelle die Treppe hinauf und links auf den Weg Am Neckardamm. Vor der Neckarbrücke rechts, dabei das rote R verlassen. Die Bahnhofstraße queren und geradeaus zum **Bahnhof Ladenburg 06**.

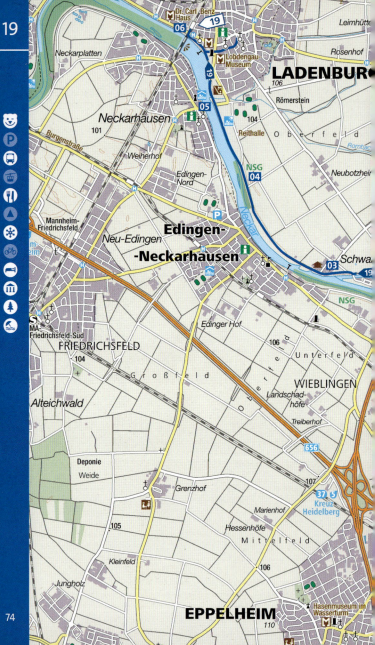

HEIDELBERG – DOSSENHEIM – SCHRIESHEIM

Burgensteig und Blütenweg

16 km | 5:15 h | 560 hm | 557 hm | 827

START | Heidelberg, Bismarckplatz
[GPS: UTM Zone 32 x: 477.740 m y: 5.473.000 m]
CHARAKTER | Wald, Weinberge, Gärten, naturnahe Pfade, befestigte Wege und viele außergewöhnliche Panoramablicke.

Wald, Weinberge, Gärten und außergewöhnliche Panoramablicke kennzeichnen diese abwechslungsreiche Wanderung, die am Westhang des Odenwaldes oberhalb der Bergstraße verläuft.

Unterschiedliche Landschaftsbilder und zahlreiche Sehenswürdigkeiten, darunter der Philosophenweg, die Thingstätte, der Dossenheimer Leferenz-Steinbruch und die Strahlenburg bei Schriesheim sorgen für stete Abwechslung.

▶ Vom **Bismarckplatz** 01 in Heidelberg die Sophienstraße queren und über die Theodor-Heuss-Brücke. Rechts auf die Brückenkopfstraße. Links auf die Bergstraße. Nun leitet das rote R. Gleich rechts auf den Philosophenweg und steil bergan. Zum Kiosk am Philosophengärtchen und links bergan auf den Bismarcksäulenweg. Nun leitet das blaue Burgensymbol des Burgensteigs Bergstraße. An der Eichendorffanlage vorbei. Sie erinnert an Joseph von Eichendorff,

01 Bismarckplatz, 115 m; 02 Bismarcksäule, 220 m; 03 Fuchsrondell, 297 m; 04 Stephanskloster, 375 m; 05 Thingstätte, 376 m; 06 Zollstock, 383 m; 07 Turnerbrunnen, 223 m; 08 Höllenbach, 212 m; 09 Leferenz-Steinbruch, 177 m; 10 Dossenheim, 140 m; 11 Strahlenburg, 180 m; 12 Schriesheim, 112 m

20

77

der 1807/08 in Heidelberg studierte. Zum Eingang des Aussichtsturms **Bismarcksäule** 02 und links. Zum Querweg und links zum nahen Wegweiserstein. Rechts auf einen gekiesten Pfad, der sich schnell zu einem Waldweg verbreitert (Oberer Philosophenweg). Überraschend öffnet sich ein Blick auf die Heidelberger Altstadt.

Nun gleich scharf links bergan. Über die Kreuzung beim Aussichtspavillon **Fuchsrondell** 03, einen anfangs geteerten Weg zur Straße hinauf und rechts auf den Heiligenberg. Am Heidenloch, an den Mauerresten des **Stephansklosters** 04 beim Heiligenbergturm, am Parkplatz mit dem Geländemodell des Heiligenberges und an Waldschenke und Bushaltestelle vorbei. Weiter geradeaus auf einsetzender Forststraße. Der Burgensteig führt erst an der **Thingstätte** 05 vorbei, dann rechts und an ihrem oberen Ende entlang auf einen Pfad. (Zuvor lohnt ein Abstecher zum Michaelskloster.)

An einem Wegweiserstein vorbei über eine Pfadkreuzung und bergab. Zur Forststraße und rechts. Die Schutzhütte Schlossblick am **Zollstock** 06 fällt ins Auge. Nun links ab, an einer Holzhütte vorbei auf einen Pfad, talwärts und gleich rechts halten. Eine Forststraße und einen Asphaltweg querend steil zum **Turnerbrunnen** 07 am Ortsrand von Handschuhsheim hinab, wo sich ein schöner Wasserspielplatz befindet.

Rechts am Spielplatz und an Parkplätzen vorbei auf die Anliegerstraße (Ob. Bahofweg) und in

Weinbau bei Schriesheim.

Wissenswert

Die **Strahlenburg**, das Wahrzeichen von Schriesheim, wurde um 1235 erbaut. Um 1500 brannte sie aus. In den 1730er Jahren wurde sie als Steinbruch benutzt, um mit dem Material Weinbergmauern zu errichten. Noch erhalten sind Teile des rechteckigen Palas und ein runder Bergfried. Die Burg ist in Privatbesitz und beherbergt ein Restaurant.

den Wald hinauf. Bald säumen zur Rechten Gärten den Weg und es öffnen sich Panoramablicke über Handschuhsheim und die Rheinebene bis hin zum Pfälzerwald. Achtung! Vor der Gabelung auf der Anhöhe links eine Treppe hinab. An Gärten vorbei, geradeaus auf eine Fahrstraße und weiter talwärts auf teils gepflastertem und asphaltiertem Weg. An einem kleinen Parkplatz vorbei und wieder bergan, dann rechts in einen Hohlweg. Bergan zu einer Gabelung und links. Geradeaus, einen Asphaltweg bergan, dann links ab und an Gärten vorbei. Wieder in den Wald und mäßig bergab. In der Linkskurve des Asphaltweges rechts ab und am schmalen **Höllenbach** 08 entlang seiner Quelle entgegen.

Zu einer Kreuzung bei einer rund 200 Jahre alten Buche, links zu einer Gabelung und links talwärts. Folgende Gabelung rechts talwärts. Zu einem Querweg und rechts bergan. Auf breitem Kiesweg zur Kurve eines Querweges und links. Etwa 50 m vor der folgenden Linkskurve, noch 200 m vor dem Waldparkplatz Drei Eichen, links auf einen unmarkierten Pfad und in den **Leferenz-Steinbruch** 09 hinab, den wir auf einsetzendem Kiesweg beim Übungsgelände des Dossenheimer Feldbogenvereins erreichen. Ein Abstecher führt gleich rechts zu einem Aussichtspunkt. Weiter talwärts und am Abzweig zur Aussicht ins Steinbruchmuseum vorbei. Bei der alten Steinbrecheranlage aus dem Steinbruch heraus und rechts ab (Am Neuberg).

Rechts auf die Neubergstraße (Do1, Do2) und nach **Dossenheim** 10 hinein. Zur Querstraße und links (Wilhelmstraße). Rechts auf die Schulstraße. Nun leitet das gelbe B des Blütenweges. Die Hauptstraße queren und gleich links halten. Am Heimatmuseum vorbei auf die Schauenburgstraße. Zur Linkskehre am Ortsrand, geradeaus auf den Parkplatz und links auf einen schmalen Asphaltweg. Am Weinberghang bergan zu einer Gabelung und links. Mal Kies, dann Asphalt, dann Gras unter den Füßen, mal auf breitem Weg, dann auf schmalem Pfad. Etwa 1 km zu einem Querweg und rechts bergan. Folgenden Abzweig links. Hinter einer Linkskurve in bisheriger Richtung weiter.

Unterhalb der **Strahlenburg** 11 links talwärts durch den Weinberg nach Schriesheim, dabei das gelbe B verlassen und weiter mit S4. Rechts auf den Kehlweg. Rechts auf die Obere Bergstraße (unmarkiert). Links auf die Bahnhofstraße. Zur B 3 und links zum nahen **OEG-Bahnhof Schriesheim** 12.

Die Strahlenburg.

HEIDELBERG-ROHRBACH – DORNACKERHOF

Erlebniswanderweg Wein und Kultur

  8,75 km 3:00 h 220 hm 220 hm 827-2

START | ÖPNV-Haltestelle Rohrbach-Markt, alternativ Rohrbach-Süd oder Augustinum (Emmertsgrund) oder Haselnussweg (Boxberg). Autofahrer nehmen den Parkplatz an der L 600 an der Einfahrt zum Weingut Clauer
[GPS: UTM Zone 32   x: 477.310 m   y: 5.469.760 m]
CHARAKTER | Auf Pfaden und Wirtschaftswegen durch aussichtsreiche Kulturlandschaft mit Weinbergen, Freizeitgrundstücken, Gärten und Wald.

Dieser verschlungene Wanderweg, der in zahlreichen Variationen begangen werden kann, führt durch uralte Kulturlandschaft. Rund 30 Schautafeln informieren zu den Themen Wein, Rebsorten, Geologie, Klima, Geschichte und Lebenskultur, sowie Flora und Fauna der Region. Vor der Wanderung lohnt ein näherer Blick auf die Website www.weinwanderweg-rohrbach.de mit detailliertem Übersichtsplan und Hintergrundinformationen.

▶ Von **Rohrbach-Markt** 01 entlang der Rathausstraße am Rathaus vorbei. Rechts auf die Leimer Straße, links auf Im Beind. An der Infotafel Rohrbacher Persönlichkeiten vorbei, am Friedhofszaun entlang bergan und der scharfen Rechtskurve des Asphaltweges

01 Rohrbach-Markt, 118 m; 02 Soldatenweg, 133 m; 03 Dornackerhof, 180 m; 04 Dachsbuckel Winzerhof, 240 m

folgen. Der Weg wird nun von Gärten und Rebstöcken gesäumt, führt an den Tafeln „Wein und Kultur und Streuobstwiesen in Baden-Württemberg" vorbei, knickt erst rechts, dann links ab und erreicht einen nahen Querweg. Hier links bergan zur nahen Gabelung und rechts. Auf unbefestigtem Weg zur Straße bei der Tafel „Geschichte des Weinbaus in Rohrbach". Links bergan, die Straße Am Götzenberg unterqueren, gleich rechts auf einen geteerten Pfad und durch den Weinberg. Folgende Kreuzung rechts und rechts haltend talwärts auf breitem Asphaltweg. Dann auf den im spitzen Winkel links abzweigenden Asphaltweg und leicht bergan. Geradeaus über die Kreuzung beim Einstiegspunkt **Soldatenweg** 02 mit Übersichtstafel.

An drei Infotafeln vorbei zu einem Asphaltweg und links bergan durch ein Waldstück. An einem Linksabzweig vorbei (Abkürzung). Der Rechtskurve des Hauptweges folgen. Am **Dornackerhof** 03 vorbei zur Kreuzung mit Parkplatz vor der L 600 nach Lingental. Nun links bergan parallel zur Landesstraße, einen Fahrweg an der Unterführung der L 600 queren und weiter bergan. Vor der Treppe, die zur Straße hinabführt, links und am **Dachsbuckel Winzerhof** 04 vorbei. In den Wald und sofort auf den geteerten Linksabzweig.

Links an der Bus-Endhaltestelle der Linien 27 und 33 am Ortsrand des Stadtteils Emmertsgrund vorbei die Jellinekstraße hinab. Vor der scharfen Linkskurve links auf einen Pfad und im Waldschatten am Rand der Bebauung talwärts, teils über Treppen und Stufen. Auf folgenden Linksabzweig, eine Treppe, die in einen Pfad übergeht. Erst weiter bergab im Waldschatten, dann links aus dem Wald und geradeaus an der Tafel „Biotope zwischen Wald und Wein" vorbei. Zum Quer-

Der Wein- und Kulturwanderweg Heidelberg-Rohrbach.

weg bei den Tafeln „Steinbruch Rohrbach". Hier rechts und auf breitem Schotterweg durch den Weinberg. Gleich folgende Gabelung links. Zur Tafel „Pilzkrankheiten der Rebe" und rechts auf einen Asphaltweg, der in einen Pflasterweg übergeht. Steil einen Hohlweg hinab. An der Tafel „Muschelkalk in allen Formen" vorbei, auf der Fahrstraße zum Einstiegspunkt **Soldatenweg** 02 hinab und rechts. (Geradeaus erreicht man die Haltestelle Rohrbach-Süd.) Zum Querweg und rechts bergan. Parallel zur Straße zu einer Kreuzung und links. Wieder links und durch die Unterführung der Straße Am Götzenberg und rechts auf einen Wirtschaftsweg. Zum Asphaltweg und rechts bergan. Die Straße Am Götzenberg queren und steil bergan auf Asphalt. Zur Tafel „Mechanisierung im Weinbau" und links auf einen Schotterweg, der in einen Asphaltweg übergeht. Erneut die Straße Am Götzenberg queren und links talwärts. An der Tafel „Tier- und Vogelwelt" und am Rechtsabzweig zum Boxberg vorbei und den Fahrweg Siegelsmauer hinab nach Rohrbach. Bei der evangelischen Kirche links zur Leimer Straße und auf bekanntem Weg zurück nach **Rohrbach-Markt** 01.

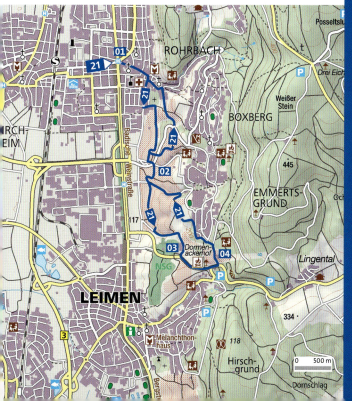

22 | WILHELMFELD – WEISSER STEIN – TELTSCHIKTURM

Herrliche Aussichten

 13 km   3:45 h   370 hm  370 hm   827-2

START | Parkplatz beim Hesselbrunnen an der Schriesheimer Straße (L 356) 100 m vor dem westlichen Ortseingang von 59159 Wilhelmsfeld, alternativ Parkplatz Langer Kirschbaum an der L 596 HD-Ziegelhausen – Wilhelmsfeld
[GPS: UTM Zone 32 x: 481.920 m y: 5.479.650 m]
CHARAKTER | Waldwanderung auf überwiegend befestigten Wegen.

Auf stillen Wegen durch alten Wald erreichen wir mit der unscheinbaren Jägerhütte den Wendepunkt der Wanderung. Dann ist auch bald der Weiße Stein erreicht, Gelegenheit für eine willkommene Einkehr.

Vom Teltschikturm genießen wir den besten Panoramablick im gesamten Odenwald, bevor es zurück ins nahe Wilhelmsfeld geht.

▶ Vom Parkplatz beim **Hesselbrunnen** 01 die Straße querend auf den abzweigenden Waldweg (S2). Folgende Gabelung rechts und bergab (W11). Links haltend über eine Kreuzung und bergan.

Folgende Kreuzung rechts und mäßig bergab (S2, W11, Schornsteinweg). Die Markierung W11 verlässt uns scharf links und wir wandern weiter geradeaus mit S2 zu einer Kreuzung mit Holzhütte.

01 Hesselbrunnen, 440 m; 02 Jägerhütte, 407 m; 03 Weißer Stein, 548 m; 04 Langer Kirschbaum, 500 m; 05 Teltschikturm, 530 m; 06 Wilhelmsfeld, 450 m

Hier links bergan mit S1, dabei S2 verlassen. An einer oberhalb des Weges liegenden Hütte und am zuführenden Linksabzweig vorbei. Etwa 250 m leicht talwärts zu einer Kreuzung. Nun links und etwa 400 m bergan mit der Markierung V. Auf der Höhe (390 m) links. Nun leitet das gelbe Kreuz.

Gleich links auf einen ansteigenden Pfad. An der **Jägerhütte** 02 vorbei, ein kleines Sandsteinhaus mit offenem Kamin von 1818. Es wurde für den Forst- und Jagdbetrieb gebaut und ist heute geschlossen. Zu einem Waldweg und in bisheriger Richtung weiter. Nach etwa 150 m rechts auf einen Pfad. Einen Weg rechts versetzt queren und weiter auf einem Pfad parallel zu einem Waldweg. Zu einem Querweg und links. Nach etwa 100 m rechts auf einen Pfad

Der Teltschikturm.

Wilhelmsfeld vom Teltschikturm.

und zur **Waldgaststätte Weißer Stein** 03. Links an der Gaststätte und am 108 m hohen Funkturm vorbei. Direkt hinter der Schranke links auf einen Pfad, der sich erst zu einem Waldweg, dann zu einer Forststraße verbreitert, dabei leicht bergab. In der sanften, leicht tal-

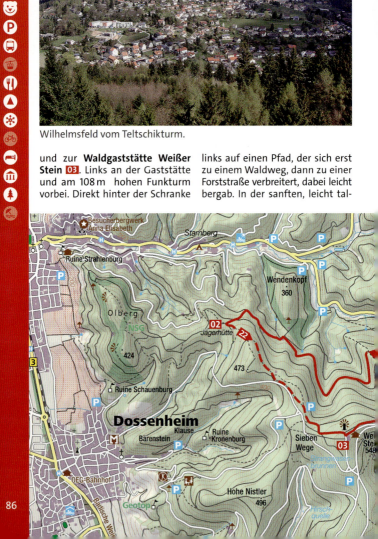

Schöne Aussichten

Der 41 m hohe **Teltschik-Aussichtsturm** auf dem rund 530 m hohen Schriesheimer Kopf, eine Metall-/Lärchenholz-Konstruktion, wurde 2001 der Öffentlichkeit übergeben. Von der Aussichtsplattform genießt man den besten Panoramablick im gesamten Odenwald. Gen Süden schweift der Blick hin zum Königstuhl, nach Osten weit über die Odenwaldhöhen bis zum Katzenbuckel, nach Norden zum Eichelberg und Melibokus, nach Westen über die Hohe Waid in die Rheinebene und hinüber zum Pfälzerwald.

wärts führenden Linkskurve rechts auf einen unbefestigten Weg, bergan zu einer Schotterstraße und links zum **Parkplatz Langer Kirschbaum** 04. Die nach Wilhelmsfeld führende Straße queren, geradeaus an einer Übersichtstafel vorbei und folgenden Abzweig links, dabei das gelbe Kreuz verlassen (Wegweiser: Teltschikturm). Folgende Gabelung links und leicht bergan. Am **Teltschikturm** 05 vorbei und links haltend bergab. Am Ende der folgenden Linkskurve rechts auf einen schmalen unbefestigten Weg (W 5,6,7). Zum Wanderparkplatz am Ortsrand von **Wilhelmsfeld** 06, links zur Heidelberger Straße, dann rechts talwärts zur Schriesheimer Straße und links (roter Balken) zum Parkplatz am **Hesselbrunnen** 01 zurück.

23 HIRSCHHORN – GREIN

Freischärlersgrab und Rotes Bild

15,5 km   4:30 h   445 hm   445 hm   827-2

START | S-Bahnhof Hirschhorn
[GPS: UTM Zone 32   x: 492.430 m   y: 5.476.670 m]
CHARAKTER | Auf überwiegend befestigten Wegen durch dichten Wald, dabei 2,5 km auf Asphalt.

Ein kräftezehrender Anstieg führt zum Freischärlersgrab von 1848, dem eigentlichen Beginn der Rundwanderung. In ihm wurde während der Badischen Revolution 1848/49 ein gefallener Angehöriger der Freischaren bestattet. Über den Weiler Grein geht es zum sagenumwobenen Roten Bild, ein Bildstock von 1524 an der Grenze des ehemaligen Klosters Schönau zu Hirschhorn. Auf der einen Seite befindet sich das Wappen von Worms mit dem Abtstab und einem „S" für Kloster Schönau, auf der anderen Seite das Hirschgeweih von Hirschhorn. Die Strecke ist durchgehend mit H5 markiert und deckt sich teilweise mit dem Neckarsteig.

▶ Vom **S-Bahnhof Hirschhorn** 01 entlang der Bahnhofstraße und der Neckarsteinacher Straße ortseinwärts zur Sparkasse. Links durch die Unterführung, rechts auf die Straße Schießbuckel und auf breiter Forststraße in den Wald hinauf (H5). Nach 800 m links ab. An der nach 500 m folgenden Kreuzung rechts ab und weiter stetig bergan. Nun deckt sich der Wanderweg mit dem Neckarsteig (blaues N). Nach einer Links- und einer Rechtskehre geradeaus am **Freischärlersgrab** 02 vorbei, dabei das blaue N

01 Hirschhorn, 118 m; **02** Freischärlersgrab, 341 m; **03** Grein, 360 m;
04 Kreuzschlag, 398 m; **05** Rotes Bild, 450 m

verlassen und weiter mit H5 durch den Kohlwald und den Pfalzwald nach **Grein** 03, Ortsteil von Neckarsteinach.

Auf dem Weg Am Klingen in den Ort. Links auf die Talstraße (K 36). Gleich links auf den Alten Weg, zur K 36 zurück und links. Gleich wieder links, am **Parkplatz Kreuzschlag** 04 beim Jugendzeltplatz entlang und geradeaus haltend auf den asphaltierten Hirschhorner Weg. Nun deckt sich die Markierung H5 mit dem blauen N des Neckarsteiges. Zur Kreuzung bei alten Wegweisersteinen, links auf einen Schotterweg und bergan. An einer Waldwiese entlang, dabei den Schotterweg nach links verlassen und auf grasigem Weg talwärts in den Wald zu einem Schotterweg. Hier links. Erst bergan, dann bergab, dabei geradeaus halten.

Am **Roten Bild** 05 vorbei auf einen Pfad, zu einem Schotterweg hinab und links. Auf folgenden Rechtsabzweig, ein befestigter Waldweg und den Michelberg hinab. Etwa 750 m hinter einer Linkskurve der scharfen Rechtskurve des Hauptweges folgend um das **Freischärlersgrab** 02 herum und auf bekanntem Weg zum **S-Bahnhof Hirschhorn** 01 zurück.

Am Freischärlersgrab.

24 SINSHEIM – BURG STEINSBERG – ITTLINGEN

Zum Kompass des Kraichgaus

 16 km 5:00 h 325 hm 300 hm 827-2

START | Bahnhof Sinsheim
[GPS: UTM Zone 32 x: 490.940 m y: 5.455.310 m]
CHARAKTER | Auf Pfaden und befestigten Wegen durch Wald und Feld.

Durch dichten Wald geht es mäßig bergauf, bergab zur Burg Steinsberg, die umgeben von Weinbergen weithin sichtbar zwischen Sinsheim und Weiler auf einem 333 m hohen Basaltkegel thront. Deshalb wird sie auch Kompass des Kraichgaus genannt. Vom 30 m hohen Turm, dem einzigen achteckigen Bergfried nördlich der Alpen, reicht der Blick bis zum Königstuhl bei Heidelberg, gen Norden zum Odenwald, zum Stromberg im Süden und zu den Löwensteiner Bergen bei Heilbronn. Der Weiterweg führt auf meist befestigten Wegen durch die weitgehend offene Flur nach Ittlingen. Mit der S-Bahn geht es nach Sinsheim zurück.

▶ Aus dem **S-Bahnhof Sinsheim** 01 tretend nach rechts (Friedrichstraße), dann rechts entlang der Schwarzwaldstraße. Vor dem Kreisverkehr rechts und somit zwischen Lidl und DM-Markt hindurch zur Steinsbergstraße. Rechts ab, dann links auf den Quellbergweg. Nun leitet das blaue Quadrat.

01 S-Bhf Sinsheim, 155 m; 02 A 6, 174 m; 03 Wanderparkplatz Sommerhälde, 198 m; 04 Hexenbuschhütte, 237 m; 05 Hammerau, 200 m; 06 Burg Steinsberg, 333 m; 07 Bannholz, 255 m; 08 S-Bahnhof Ittlingen, 180 m

24

91

Blick von Burg Steinsberg auf Weiler.

Aus dem Ort, auf einer Brücke über die **A 6** 02 und mit Asphalt unter den Füßen geradeaus durch die Feldflur zum Wald. Zur Linken fällt die Burg Steinsberg ins Auge. Vor dem frei stehenden Haus links. Zum **Wanderparkplatz Sommerhälde** 03 und links auf einen Pfad.

Eine Forststraße queren. Der Wanderpfad deckt sich nun eine Weile mit einem alten Trimm-Dich-Pfad und einem Waldlehrpfad und verläuft parallel zur Forststraße. An der Schwarzen Hütte vorbei. Rechts haltend eine weitläufige Kreuzung bei der **Hexenbuschhütte** 04 passieren und kurz weiter auf breiter Forststraße, dann links ab auf einen Pfad. Wieder zur Forststraße zurück, aber bereits nach ca. 100 m links auf einen Pfad (Sachsweg). Er führt durch hügeliges Gelände, quert vier Forstwege und führt am Sachswegbrunnen vorbei. Betonstege führen über Quellbäche des Immelhäusergrabens. Einen Weg querend zum

In der Burg Steinsberg.

breiten Rankwiesenweg am Waldrand und rechts. Beim Wanderparkplatz links, am Weiler **Hammerau** 05 vorbei und zur Gabelung am Waldrand hinauf.

In der Gabelung auf einen Pfad und bergan. Zu einem Forstweg hinab und rechts bergan (Triebweg). Aus dem Wald, die L 550 queren und zur **Burg Steinsberg** 06 hinauf. Die Burg beim Soldatendenkmal auf einem Wiesenpfad verlassen. Nun geradeaus, auf einsetzendem Asphalt durch die Weinberge und durch den Ort Weiler in die Flur, nun auch vom weißen Dreieck und Schildern des Edelweiß-Weges geführt. Achtung! Beim Waldstück **Bannholz** 07 links ab, somit dem weißen Dreieck folgen und das blaue Quadrat verlassen. In der folgenden scharfen Rechtskurve geradeaus auf einen grasigen Weg. Er führt am Acker entlang, dann in den Waldschatten, führt dann wieder dicht am Acker entlang zu einem breiten Kiesweg. Hier links in den Wald. Geradeaus, bald bergab und in die Flur. Der Rechtskurve des Hauptweges zu einem Betonweg folgen und links. An der Grillanlage Forlenhütte vorbei und geradewegs zum **S-Bahnhof Ittlingen** 08.

WEINHEIM – WACHENBURG – BURGRUINE WINDECK

2-Burgen-Wanderung

 11,5 km 4:00 h 310 hm 310 hm 827-2

START | Bahnhof Weinheim
[GPS: UTM Zone 32 x: 475.820 m y: 5.488.950 m]
CHARAKTER | Auf befestigten, teils asphaltierten Wegen durch Parkanlangen und Wald.

Die Tour führt auf kurzem Weg durch den Hermannshof und den Weinheimer Schlosspark in den Exotenwald, Paradiese für Pflanzenfreunde in denen man stundenlang verweilen kann. Der Schlosspark geht auf einen Lustgarten des 16. Jhs. zurück, während der Exotenwald erst 1872 von Christian Freiherr von Berckheim gegründet wurde. Über die Wachenburg und die Burgruine Windeck geht es zurück, eine leichte Tour, sieht man von einigen Anstiegen ab.

▶ Vom **Bahnhof Weinheim** 01 auf der Bahnhofstraße ortseinwärts. Die Bergstraße queren, rechts in die Ehretstraße, links in die Doktor-Bender-Straße, rechts in die Babotstraße. Durch den Haupteingang in den Hermannshof. Der Schau- und Sichtungsgarten ist eine Forschungs- und Bildungseinrichtung für Staudenverwendung und wird von der Firma Freudenberg und der Stadt Weinheim unterhalten. An Konferenzhaus und Präriegarten vorbei, durch das Tor in die Grabengasse und rechts. Gerade-

01 Bahnhof Weinheim, 110 m; 02 Mausoleum, 171 m; 03 Kneipp-Anlage, 183 m; 04 Am Schwimmbad, 153 m; 05 Gorxheim, 159 m; 06 Wachenburg, 315 m; 07 Windeck, 222 m

Zwei Burgen

Die **Wachenburg** wurde von 1907 bis 1928 als Gedenk- und Begegnungsstätte des Weinheimer Senioren-Convents und seiner aktiven studentischen Corps erbaut. Sie ist einer mittelalterlichen Ritterburg nachempfunden; Restaurant und Biergarten.

Die **Burg Windeck** wurde 1130 an der Stelle eines Vorgängerbaus zum Schutz von Kloster Lorsch und dessen Besitzungen errichtet. Im Dreißigjährigen Krieg wurde sie schwer beschädigt, 1674 von französischen Truppen endgültig zerstört. Seit 1978 gehört die Burgruine Windeck der Stadt Weinheim; Burgschänke mit Biergarten.

aus auf die Rote Turmstraße und links in den Kleinen Schlosspark mit Rathaus/Schloss und der ältesten Libanonzeder Deutschlands. Weiter in den Großen Schlosspark. Am Schlossweiher entlang, dann rechts und an der Südostecke beim **Mausoleum** 02 der Familie von Berckheim aus dem Park auf die Bodelschwinghstraße und links. Gleich links mit den gelben Ziffern 2 und 3 in den Exotenwald. Die verstreut im Wald stehenden exotischen Bäume stammen über-

Wappentor der Wachenburg.

wiegend aus Nordamerika, Kleinasien, Nordafrika und dem Mittelmeergebiet.

Den Windungen des asphaltierten Weges folgen. Geradeaus über eine Kreuzung. Zum Weihertalbrunnen mit **Kneipp-Anlage** 03 und links, dabei 2 und 3 verlassen und weiter auf Asphalt. Bald wieder von der Nr. 3 begleitet aus dem Wald und geradeaus durch ein Wohngebiet. Bei einem Wanderparkplatz die Straße **Am Schwimmbad** 04 queren. Folgende Gabelung links

und unmarkiert weiter durchs Tal. Der Weg steigt an, wird wieder eben. Dann, in der S-Kurve vor dem Waldrand, links auf einen Pfad und zum Wirtschaftsweg beim Heischel-Hof hinab. Links zur Hauptstraße in **Gorxheim** 05.

Hier links. Auf folgenden Rechtsabzweig (Buchklinger Weg). Nun leitet G1. Bergan und der scharfen Linkskurve folgen. Die K 15 links versetzt hin zum Parkplatz queren, dort auf einen Kiesweg und bergan. Achtung! Hinter der Rechtskurve links ab, dabei G1 verlassen und weiter mit gelbem V. Erst leicht bergab, dann steil auf die Anhöhe und rechts auf eine Forststraße. In einer Linkskurve rechts ab und steil bergan, dabei das gelbe V verlassen und weiter mit der gelben 3. Zum Querweg hinauf und links (weißes Quadrat, gelbe 3). Zur Kreuzung mit Ruhebank. Ein Abstecher führt rechts bergan zur **Wachenburg** 06 (blaues Burgensymbol), bevor es links ab und sofort rechts talwärts geht (weißes Quadrat, gelbe 2).

Einen Kiesweg queren, Asphalt setzt ein. Geradeaus an einer Treppe und einer Schutzhütte vorbei bergab. An Gärten entlang zum Neuen Burgweg und links. An gleich folgender Gabelung führt ein Abstecher rechts zur **Burgruine Windeck** 07 hinauf, bevor es weiter auf dem für den öffentlichen Verkehr gesperrten Neuen Burgweg talwärts zur Querstraße am Ortsrand von Weinheim geht. Hier links (Am Schlossberg), dabei die gelbe 2 verlassen. Am Verkehrskreisel vorbei auf die Dürrestraße und bergan. Am Dürreplatz vorbei auf die Bahnhofstraße und auf bekanntem Weg zum **Bahnhof Weinheim** 01 zurück.

SCHWETZINGEN – SCHLOSSGARTEN

Fürstliche Gartenträume

 6 km   2:00 h   5 hm   5 hm   827-2

START | Schlossplatz, Schwetzingen
[GPS: UTM Zone 32 x: 469.010 m y: 5.470.270 m]
CHARAKTER | Spaziergang auf ebenen Wegen.

Der weitgehend authentisch restaurierte Schwetzinger Schlossgarten ist eine Besonderheit unter den Gärten Europas. Er gehört mit seiner Vielfalt an Skulpturen, Tempelbauten und der einmaligen Garten-Moschee zu den bedeutendsten Gartenanlagen Europas. Bei dem hier vorgeschlagenen Weg durch das Gartenkunstwerk werden längst nicht alle Sehenswürdigkeiten gewürdigt und man kann durchaus länger als zwei Stunden im Garten verweilen und ihn auch auf anderen Wegen erkunden. Der Schlossgarten ist eintrittspflichtig.

▶ Vom **Schlossplatz** 01 im Zentrum von Schwetzingen geradeaus und durch das Durchgangstor des zentralen Schlossgebäudes in den Schlosspark. Nun geradeaus zum großen Arion-Brunnen mit Fontäne, dem Mittelpunkt einer kreisförmigen Anlage. Dort links durch die Allee, dann rechts ab und am **Kirschgarten** entlang.

An der **Moschee** am kleinen Mörís-See vorbei. Sie ist die letzte erhaltene Garten-Moschee in Europa und zeugt von der Orientbegeisterung im 18. Jh. Als echte Moschee hat sie nie gedient. Weiter zum **Merkurtempel** 02, dem ein römisches Turmgrab aus dem 1. Jh. als Vorbild diente. Rechts zum **Schlossteich** 03.

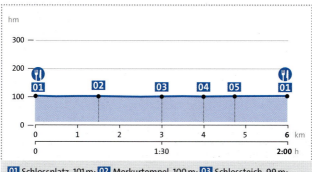

01 Schlossplatz, 101 m; **02** Merkurtempel, 100 m; **03** Schlossteich, 99 m;
04 Orangerie, 99 m; **05** Apollo-Tempel, 100 m

Schlossgarten Schwetzingen.

An ihm entlang zu seinem Ende, rechts ab und am Kanal entlang. An seinem Ende links. Zum Tempel der Botanik im „Arboretum Theodoricum", einer Sammlung unterschiedlicher Baumarten. Im Tempel steht eine Statue der Botanik, hinter ihm befindet sich das Römische Wasserkastell mit einem Aquädukt. Zum Schlossteich zurück, über die chinesische Brücke, auch Lügenbrückl genannt, und wieder an den Kanal. Um die **Orangerie** 04 herum und am offenen **Apollo-Tempel** 05 vorbei, Teil des Naturtheaters. Vom Tempel schweift der Blick über eine Terrassenanlage zum Landschaftsgarten und weiter über die Rheinebene bis zu den Pfälzer Bergen.

Durch den französischen Garten zurück. An den wasserspeienden Hirschen vorbei, Wahrzeichen des Gartens. Die Hirsche erinnern daran, dass Schwetzingen ursprünglich ein Jagdschloss war. Am Arion-Brunnen vorbei auf die Hauptallee und auf bekanntem Weg zurück zum **Schlossplatz** 01.

Schloss Schwetzingen.

Schlossgarten

Inmitten von Schwetzingen erstreckt sich über eine Fläche von mehr als 72 Hektar das Schwetzinger Schloss mit angrenzendem Schlossgarten. Er ist in einen französischen und in einen englischen Teil eingeteilt. Der französische Garten ist nach den strengen geometrischen Regeln des Barock gestaltet, der englische Teil zeigt romantische Formen des Rokoko und Klassizismus. Eine Besonderheit ist die Moschee, die in der zweiten Hälfte des 18. Jhs. die damalige Orientbegeisterung befriedigen sollte. Wasserspiele, Brunnen, Pavillons, Tempel, Skulpturen und wechselnde Bepflanzung sind zu jeder Jahreszeit ein Augenschmaus. Der Garten war, bis auf den Badebereich, bereits in kurfürstlicher Zeit für die gesamte Bevölkerung zugänglich, damals noch ohne Eintrittsgeld.

Schloss und Schlossgarten Schwetzingen, 68723 Schwetzingen, Service-Center Tel. 06221-65888-0, www.schloss-schwetzingen.de

HEIDELBERG – KÖNIGSTUHL – NECKARGEMÜND

1. Etappe Neckarsteig

  12,5 km 4:00 h  770 hm 750 hm 827-2

START | Heidelberger Schloss
[GPS: UTM Zone 32 x: 479.240 m y: 5.473.000 m]
CHARAKTER | Waldwanderung auf Pfaden und befestigten Wegen mit herrlichen Panoramablicken und einladenden Rastplätzen.

Die erste Etappe des Neckarsteiges startet am Heidelberger Schoss und führt über die rund 1250 Sandsteinstufen der Himmelsleiter auf den Königstuhl, wo uns eine ausgezeichnete Fernsicht über die Rheinebene hin zum Pfälzerwald erwartet. Wer den anstrengenden Aufstieg scheut, kann mit der Bergbahn auf den Königstuhl fahren. Von dort geht es recht beschaulich und meist talwärts nach Neckargemünd. Auf der ganzen Strecke leitet das blaue N auf weißem Grund.

▶ Vom Eingang zum **Heidelberger Schloss** 01 auf dem Pflasterweg zur Gaststätte Bergfreiheit, dort links über Stufen zum Schloss-Wolfsbrunnen-Weg hinauf und links. Rechts auf den Molkenkurweg. Vor seiner scharfen Rechtskurve rechts auf die Himmelsleiter und sehr steil auf den **Königstuhl** 02 hinauf, den wir an der Aussichtsterrasse erreichen. An der Falknerei vorbei zum Fernsehturm und rechts auf den Turmweg. Der Steig deckt sich nun eine Weile mit der „via naturae" und

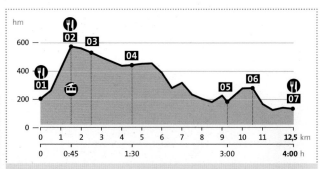

01 Heidelberger Schloss, 200 m; 02 Königstuhl, 568 m; 03 Kaltteichhütte, 525 m; 04 Hohler Kästenbaum, 438 m; 05 Kümmelbach, 179 m; 06 Neckarriedkopfhütte, 275 m; 07 Neckargemünd, 130 m

kurz mit dem Walderlebnispfad. Um das Märchenparadies herum auf den Eisenlohrweg, rechts ab auf einen Pfad und zur **Kaltteichhütte 03**. Hier links auf den Alten Hilsbacher Weg. Nach etwa 500 m links auf den Kohlplattenweg und zum Hohlen Kästenbaumweg. Nun rechts, aber gleich wieder rechts auf einen Pfad, den Eisenlohrweg. Den Schwabenweg querend zum Erlenbrunnen und links auf den Erlenbrunnenweg. Links auf den Unteren Drachenhöhlenweg und zur Hütte beim **Hohlen Kästenbaum 04**.

Die Alte Brücke.

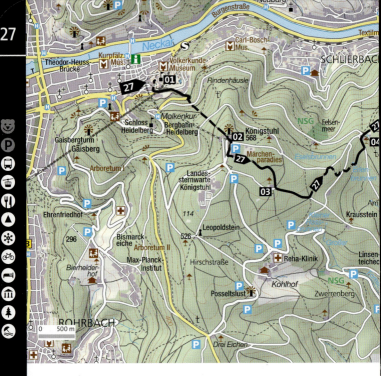

Rechts auf den Auerhahnenkopfringweg. Am Gedenkstein für Kriegsgefallene des Odenwaldklubs vorbei, dann steil in Kehren talwärts. An der zur Rechten abseits des Steigs gelegenen Gämsensteinhütte vorbei. Hinab zu einem breiten Forstweg, rechts und mäßig bergan, dann wieder talwärts in Kehren. Bei der aussichtsreichen Gämsenberghütte den Auweg queren und zum **Kümmelbach** 05 beim Kümmelbacher Hof hinab, Ortsteil von Neckargemünd. Den Bach queren und zum Mélac-Pass hinauf. Hier rechts, aber gleich wieder links und den Neckarriedkopf hinauf zur **Neckarriedkopfhütte** 06 beim Funkturm. Einen Serpentinenpfad zum Waldhilsbacher Sträßel beim Friedhof hinab. Hier links, aber gleich rechts ab und am Friedhof entlang. Die Elsenztalbahn unterquerend zur B 45.

Über die Fußgängerampeln zum Baumarkt, durch die Unterführung der Neckartalbahn und sofort rechts auf einen Gehweg. Auf einer Brücke über die Elsenz und rechts. Unter der Brückenzufahrt des Hollmuthtunnels links auf eine Treppe, steil den Hollmuth hinauf und hinab zum Stadttor. Die Straße querend geradeaus auf einen Gehweg, am Menzerpark entlang und kurz vor der Straße rechts in den Park. An der Villa Menzer vorbei zur **S-Bahnstation Neckargemünd-Altstadt** 07.

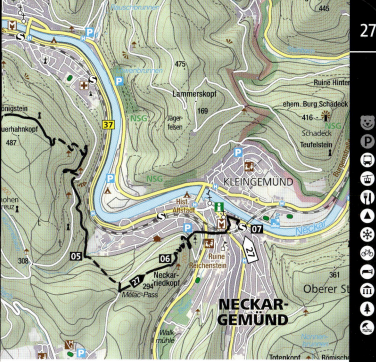

Neckargemünd von der Roths Nasenhütte.

NECKARGEMÜND – NECKARSTEINACH

2. Etappe Neckarsteig

  9 km 3:00 h  445 hm 430 hm 827-2

START | S-Bahnhof Neckargemünd-Altstadt
[GPS: UTM Zone 32 x: 485.680 m y: 5.471.040 m]
CHARAKTER | Abwechslungsreiche Waldwanderung auf überwiegend befestigten Wegen.

Steil geht es zur Bockfelsenhütte hinauf, wo uns eine herrliche Aussicht auf die Festung Dilsberg erwartet, unser nächstes Ziel, das unbedingt eine nähere Erkundung lohnt. Von dort ist es nur noch ein Katzensprung hinab ins Vierburgenstädtchen Neckarsteinach. Auf der ganzen Strecke leitet das blaue N auf weißem Grund.

▶ Von Gleis 2 des **S-Bahnhofs Neckargemünd-Altstadt** 01 zur nahen Straße Alter Postweg vor dem Schulzentrum und links bergan. Bei Haus 66 links auf einen Treppenweg, einen schmalen Waldweg querend auf einen Pfad und weiter steil bergan. Einen Waldweg nahe der aussichtsreichen **Bockfelsenhütte** 02 queren und weiter bergan durch Laubwald.

Der Weg zieht in eine scharfe Linkskehre. Bei der **Heidelbeerbank** 03 einen Forstweg queren und weiter einen Pfad bergan zu einem Waldweg und links. Nun gemütlich am Berghang entlang. Achtung! Nach etwa 1 km links auf einen steil talwärts führenden Pfad. Beim **Tillystein** 04 eine Forststraße queren. Bergab zu einem Querweg. Rechts bergan. Der Weg

01 Neckargemünd, 130 m; 02 Bockfelsenhütte, 210 m; 03 Heidelbeerbank, 260 m; 04 Tillystein, 260 m; 05 Herrbach, 145 m; 06 Neuhof, 204 m; 07 Festung Dilsberg, 289 m; 08 Neckarsteinach, 115 m

verengt sich zu einem Pfad, verbreitert sich und führt talwärts (Mühlwaldweg). An einem Brunnen vorbei zu einer weitläufigen Kreuzung. Links eine Forststraße bergab (Brunnenstubenweg). Auf folgenden Rechtsabzweig (Hofwaldweg) nahe der Lochmühle. Nach etwa 100 m links auf einen Pfad, auf einem Steg über den **Herrbach** 05, zu einem Forstweg hinauf und rechts (Hanselmannweg). Seiner Linkskurve folgen und ansteigend weiter. Aus dem Wald und geradeaus zur Neckargemünder Straße am Ortsrand von **Neuhof** 06, Ortsteil von

Kleingemünd von der Bockfelsenhütte.

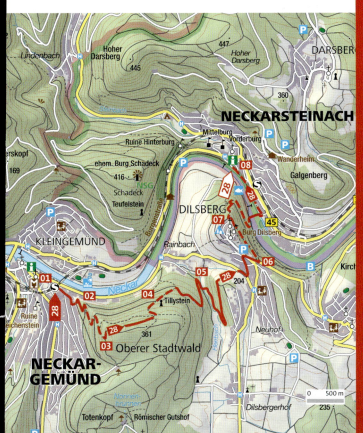

Dilsberg und rechts. Auf folgenden Linksabzweig (Ränkelweg), bergan zu einer Querstraße und rechts (Allmendweg). Rechts auf An der Steige. Links auf die Mückenlocher Straße. Auf folgenden Linksabzweig, ein Anliegerweg. Er verengt sich zu einem Pfad.

An einem Zugang zur **Festung Dilsberg** 07 vorbei und im Waldschatten geradeaus. Mit Blick auf Neckarsteinach aus dem Wald und an der Festungsmauer entlang bis zur Friedenslinde am nördlichen Tor der Festung. Nun rechts auf einen Serpentinenpfad und zum Neckar hinab. Links zur nahen Staustufe und über den Neckar nach **Neckarsteinach** 08. Gleich links auf einen Gehweg.

Ein Rechtsabzweig führt zum S-Bahnhof, der Neckarsteig über die Steinach und am Neckarufer entlang.

Die Festung Dilsberg.

NECKARSTEINACH – HIRSCHHORN

3. Etappe Neckarsteig

16 km 4:30 h 365 hm 360 hm 827-2

START | S-Bahnhof Neckarsteinach
[GPS: UTM Zone 32 x: 488.500 m y: 5.472.480 m]
CHARAKTER | Auf befestigten Wegen und steilen Pfaden durch dichten Wald.

Hat man die Hinterburg und das Steinachtal hinter sich gelassen, beginnt der lang gezogene und steile Aufstieg auf den Hohen Darsberg. Oben angekommen erlaubt der Goetheblick die einzige weite Sicht in die Ferne.

Diese dritte Etappe des Steiges ist wohl die gleichförmigste, aber auch die ruhigste von allen. Ein Bildstock und ein altes Grab sind die einzigen Ablenkungen unter dem dichten Blätterdach, bevor es hinab nach Hirschhorn geht. Keine Einkehrmöglichkeit unterwegs.

Auf der ganzen Strecke leitet das blaue N auf weißem Grund.

▶ Beim **S-Bahnhof in Neckarsteinach** 01 bei der Fußgängerampel über die B 37 und eine Treppe zum tiefer gelegenen Werftweg hinab. Rechts in den Ort, dann links zum Neckarsteig, der hier das Neckarufer begleitet. Zum Spielplatz am Ortsende, die B 37 querend zum Parkplatz Unter den vier Burgen und einen Kiespfad steil bergan. An der **Hinterburg** 02 vorbei in den Wald und gleich rechts talwärts auf schmalem Weg.

01 Neckarsteinach, 115 m; 02 Hinterburg, 165 m; 03 Schönauer Straße, 140 m; 04 Haus Hoher Darsberg, 400 m; 05 Hoher Darsberg, 445 m; 06 Goethe-Blick, 420 m; 07 Parkplatz Kreuzschlag, 398 m; 08 Rotes Bild, 450 m; 09 Freischärlersgrab, 341 m; 10 Hirschhorn, 118 m

Folgende Kreuzung rechts und weiter bergab. Ins Steinachtal und am Bach entlang. Die **Schönauer Straße** 03 rechts versetzt queren und rechts auf den Drosselweg. Sofort links eine Treppe hinauf (Meisenweg). Die Otto-Bartning-Straße querend auf den Philosophenweg. Zu Haus 14 und links auf steilem Pfad in den Wald hinauf. Zu einer Forststraße, rechts und bergan. Am Brunnen der Christian-Ebert-Anlage vorbei und gleich folgende Gabelung links. Achtung! Nach etwa 100 m links auf einen Pfad und in Gegenrichtung bergan (Bänkleweg). Drei Forstwege queren, steil zu einer Asphaltstraße hinauf und links. Auf gleich folgenden Rechtsabzweig, ein Schotterweg. Nun eben zur Kreuzung bei einer Waldwiese und links.

An der Eventgastronomie **Haus Hoher Darsberg** 04 vorbei. Dann nach 100 m links auf einen Waldweg. Einen Schotterweg queren, geradeaus über den **Hohen Darsberg** 05 zu einem Querweg hinab und rechts. Am Abzweig zum **Goetheblick** 06 vorbei. Nun auf breiter Forststraße geradeaus und allmählich bergab, dann wieder leicht ansteigend. Am Abzweig nach Schönau vorbei. Der Weg zieht bald scharf nach rechts.

Auf dem Kunstweg bei der Hinterburg.

29

Folgende Gabelung links bergab. Sofort folgende Gabelung rechts. Geradeaus zur K 36 und rechts. Auf folgenden Linksabzweig.

Am **Parkplatz Kreuzschlag** 07 beim Jugendzeltplatz entlang und geradeaus haltend auf den asphaltierten Hirschhorner Weg. Zur Kreuzung bei alten Wegweisersteinen, links auf einen Schotterweg und bergan. An einer Waldwiese entlang, dabei den Schotterweg nach links verlassen und einen grasigen Weg talwärts in den Wald zu einem Schotterweg. Hier links. Erst bergan, dann bergab, dabei geradeaus halten. Am **Roten Bild** 08 vorbei auf einen Pfad, zu einem Schotterweg hinab und links. Auf folgenden Rechtsabzweig, ein befestigter Waldweg und bergab. Etwa 750 m nach einer Linkskurve der scharfen Rechtskurve des Hauptweges folgend um das **Freischärlersgrab** 09 herum. Bergab zu einer Querstraße und links. Die nächste Querstraße rechts. In der folgenden scharfen Linkskurve rechts ab und sofort links talwärts. Zu einer Wiese und links in einen Hohlweg. Geradewegs steil bergab zum bereits sichtbaren **S-Bahnhof Hirschhorn** 10.

In Neckarsteinach.

HIRSCHHORN – EBERBACH

4. Etappe Neckarsteig

 12 km 4:00 h 390 hm 370 hm 827-2

START | S-Bahnhof Hirschhorn
[GPS: UTM Zone 32 x: 492.430 m y: 5.476.670 m]
CHARAKTER | Waldwanderung auf Pfaden und befestigten Forststraßen.

An den Spaziergang durch das mittelalterliche Hirschhorn schließt sich ein lang gezogener steil ansteigender Waldpfad an. Dann geht es bequem auf breiten Forststraßen an der aussichtsreichen Hoppehütte vorbei in den Gretengrund hinab und weiter auf unbefestigten Pfaden nach Eberbach. Auf der ganzen Strecke leitet das blaue N auf weißem Grund.

▶ Vom **S-Bahnhof Hirschhorn** 01 über die Fußgängerüberführung der Gleisanlage zur Straße Michelberg und ortseinwärts. Parallel zu den Gleisen bis in die Senke der

Die Klosterkirche Hirschhorn.

01 S-Bahnhof Hirschhorn, 120 m; 02 Hoppehütte, 405 m; 03 Steinerner Tisch, 392 m; 04 Waldklassenzimmer, 230 m; 05 B 45, 140 m; 06 Eberbach, 130 m

Straße, durch die Unterführung, links auf die Neckarsteinacher Straße und über den Lachsbach. Die Hauptstraße querend in die Fußgängerzone. Durch das Mitteltor, sofort links und einen Pflasterweg bergan. An der Klosterkirche vorbei auf eine Treppe und zum **Schloss Hirschhorn** hinauf.

Durch das Torhaus in die obere Vorburg und durch das gegenüberliegende Tor auf die Straße. 100 m geradeaus, dann rechts auf einen Pfad. Von alten Buchen und Eichen beschattet in Kehren den Wald hinauf. Bei einem Rastplatz streift der Steig die Kurve eines Schotterweges, quert eine Forststraße und führt dann durch Nadelwald zu einem Forstweg hinauf. Hier rechts. Nun bequem auf ebenem Weg an der **Hoppehütte** 02 vorbei. Dann nach 500 m bietet sich ein Abstecher an. Ein Pfad führt links zum **Steinernen Tisch** 03, ein restaurierter Rastplatz von 1810 für einstige Jagdgesellschaften.

Weiter zum nahen Wegedreieck, das einen Gedenkstein für einen Förster umschließt. Hier links und weiter auf breiter Forststraße. Zu einem Querweg, scharf rechts und mäßig bergab. Auf folgenden Linksabzweig und bergab. Dann zieht

der Steig nach rechts steil talwärts, führt nah am Waldrand oberhalb von Igelsbach entlang, um den Tannenkopf herum, dann links und an einem schmalen Bach entlang zum **Waldklassenzimmer 04** hinab. Die große Holzhütte dient als außerschulischer Lernort für Kinder und Jugendliche.

Hier rechts, am Bach entlang durch den Gretengrund zu einer Kreuzung und links bergan. Zur Linkskurve und rechts auf einen unbefestigten Waldweg. Zu einem Querpfad hinab, links und weiter talwärts zur Straße Böser Berg vor den Gleisen. Hier links und die **B 45**

05 querend auf einen schmalen Asphaltweg. Nach etwa 150 m links auf einen Pfad, in den Wald hinauf und am Berghang entlang. Kurz hinter einem Denkmal rechts auf einen Pfad und bergab. Zur Querstraße beim Gymnasium und links. Auf einer Brücke des Karlstalweges über die Bahnstrecke, gleich links eine Treppe hinab zur L 2311, links und über die Itter. Rechts haltend auf die Friedrich-Ebert-Straße Richtung Zentrum. Zum **S-Bahnhof Eberbach 06** geht es 300 m geradeaus, dann links auf die Luisenstraße. Der Neckarsteig leitet rechts in die Parkanlage am Neckar.

EBERBACH – NEUNKIRCHEN

5. Etappe Neckarsteig

 18 km 5:30 h 950 hm 750 hm 827-2

START | S-Bahnhof Eberbach
[GPS: UTM Zone 32 x: 498.860 m y: 5.479.240 m]
CHARAKTER | Wald und offene Flur, befestigte Wege, naturnahe Pfade und kräftige Steigungen. Wegen vieler Abzweigungen ist Aufmerksamkeit erforderlich.

Unterschiedliche Landschaftsbilder, Sehenswürdigkeiten, Rastplätze und Aussichtspunkte machen diesen Abschnitt des Steiges zu einem eindrucksvollen Erlebnis. Es muss allerdings durch Schweiß treibende Aufstiege verdient werden, denn gleich zweimal gilt es steil aus dem Neckartal die Höhe zu ersteigen.

Wer nicht in Neunkirchen übernachten will, ist nicht mehr allein auf die selten bediente Buslinie 822 angewiesen. Eine Alternative ist die im Sommerhalbjahr an Wochenenden und Feiertagen verkehrende Ruftaxi-Linie 8954 Neunkirchen – Neckarkatzenbach – Neckargerach. Außerdem kann man fußläufig über eine ausgeschilderte Abkürzung die S-Bahnstation Zwingenberg erreichen. Auf der ganzen Strecke leitet das blaue N auf weißem Grund.

▶ Vom **S-Bahnhof Eberbach** 01 entlang der Luisenstraße zum Neckarufer und links. Am Pulverturm vorbei. Beim Hotel Krone-Post links auf die Hauptstraße.

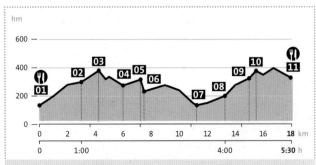

01 Eberbach, 130 m; 02 Ludwig-Neuer-Hütte, 295 m; 03 Scheuerberg, 378 m; 04 Hof Breitenstein, 270 m; 05 Ernst-Hohn-Hütte, 312 m; 06 Teufelskanzel, 227 m; 07 Staustufe Rockenau, 130 m; 08 Burggruine Stolzeneck, 195 m; 09 Abkürzung, 320 m; 10 Reihersee, 372 m; 11 Neunkirchen, 325 m

Gleich rechts in die Pfarrgasse. Durchs Bettendorfsche Tor auf die Weidenstraße und links. Zum Rosenturm an der Brückenstraße. Nun rechts, aber gleich links auf den Breitensteinweg und aus dem Ort.

Geradeaus auf einsetzendem Waldweg. Bis zur Teufelskanzel deckt sich der Neckarsteig nun mit dem Eberbacher Pfad der Flussgeschichte (gelbes F). Zu einer Asphaltstraße, links bergan zur Rechtskurve und links ab. An der **Ludwig-Neuer-Hütte** 02, dann an einem Umspannwerk vorbei, gleich rechts auf einen Pfad und den **Scheuerberg** 03 hinauf. Etwa 1,2 km nah am Waldrand bleibend über die weitgehend offene Höhe, dann scharf rechts. Etwa 500 m geradeaus, dann links ab. Zum **Hof Breitenstein** 04 hinab und links auf einen Betonweg. Nach etwa 600 m rechts ab und den Schollerbuckel hinauf. An der **Ernst-Hohn-Hütte** 05 vorbei und steil talwärts durch den Wald zur **Teufelskanzel** 06. Weiter auf einem Pfad zu einem befestigten Forstweg und links. Nach etwa 1,5 km rechts ab. Über den Klingengraben und rechts. Zu einer Forststraße, rechts talwärts, die Bahnstrecke unterqueren, links und an der B 37 entlang zur **Staustufe Rockenau** 07.

Über den Neckar, 250 m flussabwärts, scharf links, 700 m einen befestigten Weg den Wald hinauf, dann links auf einen Waldweg. Links auf einen Pfad und zur **Burgruine Stolzeneck** 08, die um 1200 als staufische Reichsburg gegründet wurde. Weiter auf einem Pfad den Wilden Waibelsberg hinauf. An der oberhalb des Steiges gelegenen Hütte vorbei, wieder bergab und am Krösselbachbrunnen vorbei auf einsetzenden Forstweg. Etwa 500 m nach dem Brunnen biegt der Neckarsteig rechts ab (Birkenweg). **Abkürzung** 09: Wer Neunkirchen umgehen will biegt hier links ab, folgt dem grünen N und erreicht den von Neunkirchen herabkommenden Neckarsteig (6. Etappe) beim Schlossblick-Pavillon. Nach Querung des Bächleins Finkenklinge erreicht der Steig eine wenig befahrene Asphaltstraße, die links talwärts 3,5 km zum S-Bahnhof Zwingenberg führt. Rechts bergan erreicht man nach 150 m den Wanderparkplatz Überhau.

Auf dem Birkenweg an einer Hütte vorbei zum kleinen **Reihersee** 10, ein kurzes Wegstück zu einem Forstweg hinauf und rechts. Der Steig verlässt den Forstweg nach links und führt am Wildsaufang, dem Nachbau einer alten Wildsaufalle, und an der Hohen Eiche vorbei zum Forstweg zurück. Nun links und an der Fritz-Baumgärtner-Eiche vorbei auf den Alten Erbacher Weg. Nach 300 m rechts ab, unter der Hochspannungsleitung hindurch, dann links zum Ortsrand von **Neunkirchen** 11 beim Hotel Stumpf.

Am Neumarkt in Eberbach.

NEUNKIRCHEN – NECKARGERACH

6. Etappe Neckarsteig

  17,5 km 5:00 h 350 hm 470 hm 827-2

START | Ende des Zeilweges am Ortsrand von Neunkirchen
[GPS: UTM Zone 32 x: 500.210 m y: 5.471.420 m]
CHARAKTER | Überwiegend breite, befestigte Waldwege, etwas Wiesenflur, schöne Fernblicke, einladende Rastplätze und eine Burgruine.

Im Vergleich zu den vorausgegangenen Etappen geht es nun erst einmal durch dichten Wald bergab. Ebene breite Wege und geringe Steigungen machen das Wandern leicht.

▶ Am Ende des Zeilweges am Ortsrand von **Neunkirchen** 01 beim Hotel Stumpf dem Wegweiser auf einen Waldweg folgen. Vor den Sportplätzen links, am rechts des Weges gelegenen Prinzenstein vorbei zu einem Asphaltweg, links zur nahen **Saatschulhütte** 02 und rechts auf den Hohenbaumweg. Nach 400 m rechts auf den Reitweg, dann links auf den Gürtelweg und rechts auf den Eberbacher Weg. Schließlich links einen grasigen Weg hinauf und auf schmalem Pfad zum **Schlossblick-Pavillon** 03 hinab. Hier trifft die Neunkirchen umgehende Abkürzung (grünes N) auf den Steig. Nun rechts zum Bach Finkenklinge hinab. Kurz rechts bergan, dann den Bach und die Asphaltstraße nach Neckargerach querend auf den Förstelweg. Nun geradeaus, ein kurzes Wegstück durch die offene Flur und an einem Rastplatz

01 Neunkirchen, 325 m; 02 Saatschulhütte, 355 m; 03 Schlossblick-Pavillon, 350 m; 04 Kellersbrunnenhütte, 315 m; 05 Ruine Minneburg, 260 m; 06 Neckarkatzenbach, 200 m; 07 Guttenbach, 133 m; 08 Neckargerach, 175 m

vorbei. Wieder in den Wald, rechts ab und in die Wolfsschlucht hinab, eine von vielen Schluchten diesen Namens im Neckartal. An der **Kellersbrunnenhütte** 04 vorbei. Dann nach 250 m halblinks auf den Brunnenweg und geradeaus zur **Minneburg** 05. Sie wurde im Dreißigjährigen Krieg teilweise zerstört und diente danach als Steinbruch. Auf einem Pfad zu einem Querweg hinab und rechts. Nun bequem auf dem Unteren Ilsbergweg 2,5 km nach **Neckarkatzenbach** 06.

Zur katholischen Kirche, über eine Wiese, den Krebsbach queren, auf einem Kiesweg an einer Schutzhütte vorbei und weiter durch die Wiesenflur auf die nach Neunkirchen führende Brunnenstraße. Vor ihrer Linkskurve rechts ab, an einem Denkmal vorbei und in den Wald. Der Steig wendet sich dann nach etwa 600 m scharf nach links, zieht dann nach rechts zum Waldrand. Nun geradeaus auf dem breiten Buschelweg, der auf eine Asphaltstraße führt. In bisheriger Richtung weiter zum Wasserwerk und rechts ab. Durch die Wiesenflur zur Mörtelsteiner Straße hinab und links. Der Steig bleibt nah am Neckar, streift **Guttenbach** 07 an der Neckargeracher Straße, führt dann über die Neckarbrücke und weiter über Hauptstraße und Friedhofstraße zum **S-Bahnhof Neckargerach** 08.

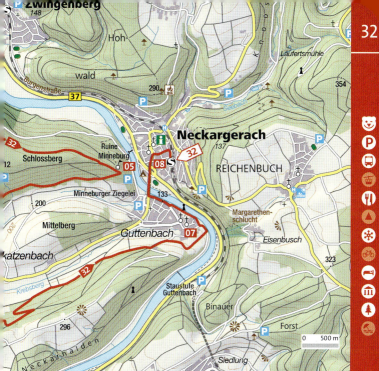

Witwenblume.

NECKARGERACH – MOSBACH

7. Etappe Neckarsteig

 14 km 4:00 h 350 hm 375 hm 827-2

START | S-Bahnhof Neckargerach
[GPS: UTM Zone 32 x: 505.420 m y: 5.471.700 m]
CHARAKTER | Auf Pfaden und befestigten Wegen durch Wald und Feld und felsiges Gelände. Die Margarethenschlucht verlangt Trittsicherheit und griffiges Schuhwerk.

Diese Etappe ist die spektakulärste von allen. Höhepunkt ist die Durchsteigung der wildromantischen Margarethenschlucht. Unterschiedliche Landschaftsbilder wie Felsen und Wasserfälle, Wiesen, Feldflur, Wald und herrliche Aussichten sorgen für eine sehr abwechslungsreiche Etappe. Etliche Infotafeln erläutern die vielfältige Pflanzen- und Tierwelt und geologische Besonderheiten. Bei Eis, Schnee und starkem Regen ist die Margarethenschlucht gesperrt. Eine Umleitung ist ausgeschildert.

▶ Vom **S-Bahnhof Neckargerach** 01 auf der Fußgängerbrücke über die Gleise und rechts auf den Margarethenschluchtpfad (blaues N). Oberhalb des Bahndammes auf aussichtsreichem Weg an Sandsteinwänden entlang zu einem überdachten Rastplatz, dem Eingang zur **Margarethenschlucht** 02. Auf einen Pfad und steil bergan durch die Schlucht, dabei werden etliche Wasserfälle berührt. Seile helfen beim Aufstieg. Am oberen Ende der Schlucht zur Fahrstraße und rechts. Am Bauernhof Alter Putenstall vorbei zur nächsten Gabelung

01 Neckargerach, 175 m; 02 Margarethenschlucht, 270 m; 03 Grüne Hütte, 284 m; 04 Abzweig Bahnhof Binau, 250 m; 05 Parkplatz Schifferdecker, 160 m; 06 Diedesheim, 243 m; 07 Henschelberg, 232 m; 08 Mosbach, 155 m

und wieder rechts. Auf befestigtem Weg leicht bergab durch den Wald zu einem Querweg, links und leicht bergan. Zum nächsten Querweg und links. Zur **Grünen Hütte** `03`, rechts auf einen Schotterweg und in die Wiesen- und Ackerflur. Hinter der Rechtskurve links auf einen Pfad, der sich zu einem grasigen Weg verbreitert. Zum Asphaltweg auf der Höhe und links. Auf gleich folgenden Rechtsabzweig, ein Schotterweg. Auf folgenden Rechtsabzweig in der Waldecke. Nah am Waldrand auf einer Forststraße leicht bergab.

Am **Abzweig** `04` zum **Bahnhof Binau** vorbei und auf breiter Forststraße durch Buchenwald. Hinter der Rechtskurve des Hauptweges rechts ab talwärts. Der Weg führt

In der Mosbacher Altstadt.

bald wieder nah am Waldrand entlang und erreicht einen Querweg vor der Wiesenflur. Hier links. An einer Hütte vorbei, ansteigend zu einer Wegespinne und rechts, dabei gleich einen Weg queren und weiter auf schmalem Waldweg. Zu einem Querweg hinab, rechts und weiter talwärts. Zur Kurve eines Asphaltweges und links zum **Parkplatz Schifferdecker 05**.

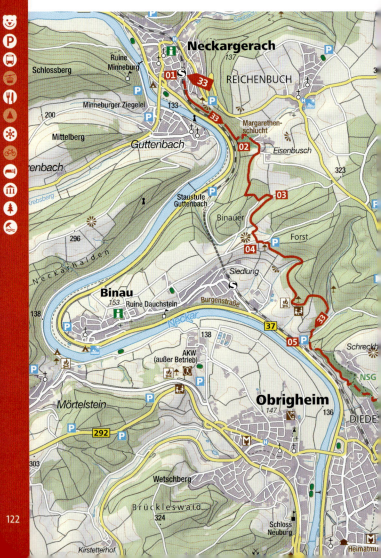

Hier scharf links bergan. Nach 50 m rechts auf einen Pfad und stetig steil bergan. Wenige Meter vor dem Waldrand – kurz vor dem Schreckhof – rechts talwärts auf einem Pfad. Bald öffnet sich der Blick ins Neckartal und es geht am Berghang mit ehemaligen Weinbergterrassen entlang. Der Steig deckt sich nun eine Weile mit dem Naturerlebnispfad Schreckberg. Eine besondere Pflanzenwelt gedeiht auf

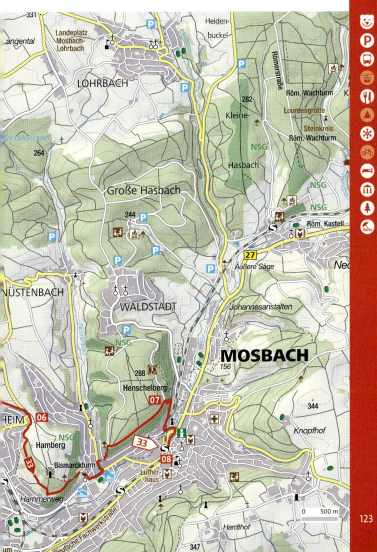

In der Magarethenschlucht.

überraschend ins Auge fallenden Muschelkalkböden. Der Weg führt an der Ruine einer Gaststätte vorbei und zieht schließlich links zur Straße, die links zum Schreckhof führt. Hier rechts und am Ortsrand von **Diedesheim** 06 entlang.

Bei der Bushaltestelle die Straße rechts versetzt queren und weiter auf einem Pfad. Bei der Einfahrt zum Segelflugplatz rechts auf die Asphaltstraße. Sie zieht in eine Rechtskurve. Auf folgenden asphaltierten Linksabzweig. Zur Waldecke, rechts auf einen Kiesweg und bergab in den Wald. Hinter der Rechtskurve steil bergab und auf folgenden Linksabzweig, einen Pfad. Vor dem Aussichtspavillon mit Blick auf Mosbach links auf einen Pfad und steil zur Straße Unterm Hamberg hinab. Rechts zur Querstraße und links (Hammerweg). Zum Kreisverkehr und links auf die Nüstenbacher Straße Rechts auf eine Treppe, die in einen Wiesenpfad übergeht und in Serpentinen zur Straße Am Sonnenrain hinauf. Hier rechts. Gleich links auf Stufen, weiter den **Henschelberg** 07 hinauf und rechts auf einen Pfad. Weiter steil bergan durch den Wald zu einer Forststraße hinauf und rechts. Nach etwa 1 km rechts ab auf einen Pfad. Zur Querstraße, rechts und geradeaus bergab. Die Bahnlinie unterqueren, die Elz und die B 27 überqueren. Rechts geht es zum **Bahnhof Mosbach** 08, geradeaus in die Altstadt.

Wissenswert

Der nur 1,6 km lange Flursbach hat in seinem Unterlauf die **Margarethenschlucht** in den rechten Hang des Odenwälder Neckartales in den Sandstein eingegraben. In der etwa 300 Meter langen Schlucht verliert der Bach insgesamt 110 Meter an Höhe und fällt über acht Wasserfallstufen in die Tiefe. Die Schlucht zählt zu den höchsten Wasserfällen Deutschlands und steht bereits seit 1940 unter Naturschutz. Der in Neckargerach beginnende 4 km lange Margarethenschlucht-Pfad, ein Themenweg, informiert an zehn Stationen über die Besonderheiten der Region.

In der Margarethenschlucht.

34 MOSBACH – GUNDELSHEIM

8. Etappe Neckarsteig

 13 km 3:45 h 410 hm 420 hm 827-2

START | Bahnhof Mosbach
[GPS: UTM Zone 32 x: 510.420 m y: 5.466.640 m]
CHARAKTER | Auf befestigten Wegen und naturnahen Pfaden durch Wald und Weinberge.

Es lohnt sich den mittelalterlichen Ortskern von Mosbach mit Marktplatz und Palm'schen Haus näher in Augenschein zu nehmen, bevor es steil in den Wald hinauf, dann auf aussichtsreichem Panoramaweg an Neckarzimmern vorbei zur Burg Hornberg geht. Dann leitet der Steig zum Neckar, schlägt einen Bogen über den Michealsberg und führt die Himmelsleiter nach Gundelsheim hinab.

▶ Vom **Bahnhof Mosbach** 01 geradeaus in die Fußgängerzone. Durch die Kesslergasse zur Hauptstraße. Hier rechts und über den Marktplatz in die Schlossgasse, die in die Heugasse übergeht. Am Kandelschussbrunnen vorbei auf den Treppenweg. Die Pfalzgraf-Otto-Straße querend auf den Oberen Mühlenweg und bergan. Links auf In den Schmelzgärten. Links auf die sogenannte Forststraße. Nach etwa 50 m rechts auf eine Treppe, die in einen Pfad übergeht und in Wald. Die Forststraße queren, steil zu einer Kreuzung hinauf, scharf rechts auf den breiten Waldweg und leicht bergab. Am Forstmeister-Korn-Platz und an der Geistereiche vorbei. In gleich folgender Rechtskurve links einen

01 Bhf. Mosbach, 155 m; 02 Ehemalige Kaserne 330 m; 03 Tagungsstätte, 280 m; 04 Neckarzimmern, 180 m; 05 Burg Hornberg, 255 m; 06 S-Bahnstation Haßmersheim, 150 m; 07 Michaelsberg, 240 m; 08 Gundelsheim, 145 m

Pfad bergab. Auf die Höhe, geradeaus zu einer Forststraße und links. Den Kasernenweg bei der Bushaltestelle queren, in die Feldflur, um die **ehemalige Kaserne** 02 herum in den Wald und sofort links auf geschottertem Weg zur Straße hinab.

Marktplatz Mosbach.

Burg Horneck.

An der Straße entlang links talwärts. Hinter der Rechtskurve links ab und sofort rechts bergan auf anfangs asphaltiertem Forstweg, dann eben geradeaus durch Laubwald. Kurz vor der K 3946 links einen Pfad hinauf, die Straße queren und weiter bergan zum Querweg bei der **Tagungsstätte der Evangelischen Jugend** 03. Nun rechts und geradeaus steil bergab. In der scharfen Rechtskurve geradeaus auf einen schmalen Weg und weiter steil talwärts zum Querweg am Ortsrand von **Neckarzimmern** 04. Hier links. Oberhalb der Weinberge mit Fernblicken über das Neckartal zur **Burg Horneck** 05.

Links an der Burg vorbei zum Nordtor. Hier links. Am Ende des Parkplatzes rechts auf einen schmalen Waldweg und an der Schlucht des Steinbaches entlang. Am Oberlauf über eine Brücke. Nun in Gegenrichtung ins Neckartal zurück. Ein einsetzender Asphaltweg führt am Militärgelände entlang. Kurz vor der Bahnunterführung links ab und parallel zur Bahnstrecke. An der **S-Bahnstation Haßmersheim** 06 vorbei.

Dann nach etwa 300 m links ab. Über Stufen und Serpentinen steil zu einem Asphaltweg hinauf und rechts. Auf dem **Michaelsberg** 07 an Schäffers Landgasthof und der Michaelskapelle (11. Jh.) vorbei in die locker bewaldete Flur, dann rechts die Stufen der steilen Himmelsleiter durch die Weinbergslage Himmelreich nach **Gundelsheim** 08 hinab. Der Neckarsteig führt durch die Neckarstraße in die Altstadt. Auf dem rechts abzweigenden Allmendweg erreicht man den Bahnhof.

GUNDELSHEIM – BAD WIMPFEN

9. Etappe Neckarsteig

 13,5 km 4:00 h 285 hm 270 hm 827-2

START | Bahnhof Gundelsheim
[GPS: UTM Zone 32   x: 511.510 m   y: 5.458.920 m]
CHARAKTER | Überwiegend befestigte, teils asphaltierte Wege, Wald und schattenlose Flur.

Burg Guttenberg mit Greifvogelwarte, einer der größten jüdischen Friedhöfe Deutschlands und das viel besuchte Fachwerkstädtchen Bad Wimpfen sind die Sehenswürdigkeiten dieser vergleichsweise steigungsarmen Tour. Nachteilig sind die zeitweilige Verkehrsberührung und die magere, teils missverständliche Markierung.

▶ Vom **Bahnhof Gundelsheim** 01 entlang der Eisenbahnstraße zur nahen Mühlstraße und links. Durch die Bahnunterführung, links auf einen Schotterweg, der in einen Pfad übergeht, über einen Steg zur Mosbacher Straße (B 27) hinauf und links. Zur Kreuzung, rechts ab und auf der Staustufe über den Neckar. Auf folgenden Linksabzweig (L 528) Richtung Heinsheim. Auf den gleich rechts abzweigenden Wirtschaftsweg und durch die Feldflur in den Wald. Geradeaus über eine Kreuzung, auf die Höhe und weiter geradeaus am Feldrand entlang. Auf folgenden Rechtsabzweig, ein Forstweg. Geradeaus zum Querweg und rechts steil bergab zur **Burg Guttenberg** 02.

Beim Kassenhäuschen links, durch das westliche Tor aus der Burg und

01 Gundelsheim, 145 m; 02 Burg Guttenberg, 225 m; 03 jüdischer Friedhof, 255 m; 04 Bergkirche, 200 m; 05 Heinsheim, 150 m; 06 Freibad, 146 m; 07 Bad Wimpfen, 170 m

wieder links. Am Ende der Parkplatzreihe links über Stufen in den Wald hinauf. Der Steig führt erst nah an der Straße entlang, knickt links ab, führt dann rechts einen schmalen Weg zur Haßmersheimer Straße hinab. Links und an ihr entlang. Bei einer großen Freifläche rechts ab und auf einem Forstweg geradeaus durch den Wald. Über eine Kreuzung. Bald im Waldschatten nah an Ackerland entlang. Aus dem Wald und geradeaus weiter auf einem Wirtschaftsweg. Um den **jüdischen Friedhof 03** herum.

75 m hinter dem Friedhof links auf einen Feldweg und geradeaus. Über die schattenlose Höhe und weiter geradeaus bergab. Am Ende des Baumstreifens, am Rand des Golfplatzes, links. Durch die offene Flur, am Zaun des Kompostwerkes entlang, dann geradeaus zu der von Neckarmühlbach kom-

Bad Wimpfen.

Die Burg Guttenberg

Die Burg Guttenberg mit Burgmuseum, Deutscher Greifenwarte, Burgschenke und mittelalterlicher Herberge gehört zu Haßmersheim-Neckarmühlbach. Die Burg wurde seit dem Mittelalter nie zerstört und war immer bewohnt.
Burg Guttenberg, Burgstraße 1, 74855 Haßmersheim,
Tel. +49 (0)6266-388 oder 228, www.burg-guttenberg.de

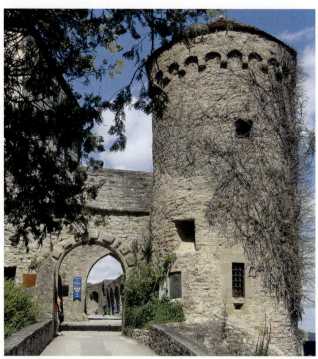

Burg Guttenberg.

menden Straße. Hier rechts zur K 2148 und links Richtung Heinsheim. Auf folgenden Rechtsabzweig, eine Fahrstraße und zur **Bergkirche** 04 hinab. Links auf den Treppenweg, nach **Heinsheim** 05 hinab, am Schloss vorbei und entlang der Neckarstraße zum Neckar. Nun auf schattenlosem grasigem Weg etwa 2 km neckaraufwärts. In Höhe des **Freibads** 06 gegenüber von Offenau rechts weg vom Fluss auf einen schmalen Pfad und durch urwaldähnlichen Hangwald nach **Bad Wimpfen** 07.

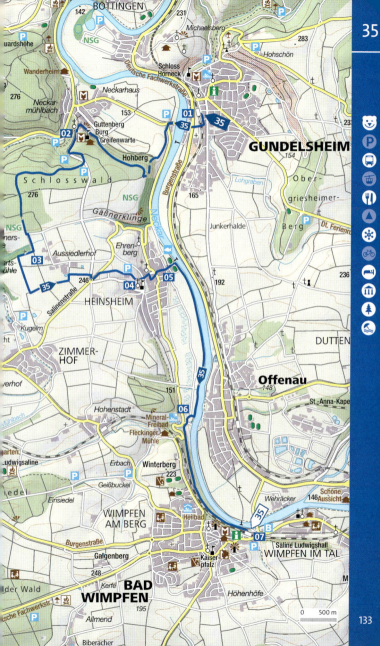

ALLES AUSSER WANDERN

MEINE TIPPS FÜR ...

> Kulturinteressierte

Altstadt Heidelberg
In der Altstadt mit ihren malerischen engen Gassen finden sich die bekanntesten Sehenswürdigkeiten Heidelbergs, darunter das oberhalb liegende Schloss, die Alte Brücke, die Heiliggeistkirche, der Renaissancebau Hotel zum Ritter, die Ruprecht-Karls-Universität und das Kurpfälzische Museum.

Heidelberger Schloss
Das Schloss Heidelberg gehört zu den sehenswertesten Gebäuden Deutschlands und ist das Wahrzeichen der Stadt. Der Ottheinrichsbau gilt als eines der bedeutendsten Bauwerke der Renaissance nördlich der Alpen. Das Schloss entstand ursprünglich als wehrhafte Burg und wurde später zur prachtvollen Residenz der Kurfürsten von der Pfalz ausgebaut. Im 17. Jh., im pfälzischen Erbfolgekrieg, wurde es zerstört. In den folgenden Jahrhunderten fanden etliche Baumaßnahmen statt, aber im Wesentlichen blieb es eine Ruine.
Schloss Heidelberg
Schlosshof 1, 69117 Heidelberg,
Tel. 06221-538472
www.schloss-heidelberg.de

Heiligenberg
Der Heiligenberg erhebt sich oberhalb des Heidelberger Stadtteils Neuenheim. Auf dem Hauptgipfel befinden sich die Ruinen einer Basilika (11. Jh.) und des Michaelsklosters (9. Jh.). Südlich vorgelagert ist der Michaelsberg mit der Ruine des Stephansklosters (11. Jh.), dem Heiligenbergturm und dem mysteriösen Heidenloch. Im Bergsattel zwischen den Gipfeln liegt die Thingstätte von 1935, die an ein antikes griechisches Theater erinnert.
www.heiligenberg-bei-heidelberg.de

Der Schlossgarten Schwetzingen.

...one.art-account.de
...karblick Garni ⓒ .... PLZ: 69437, Tel. +49 (0) 6229
www....karblick-garni.de ⓒ, Bahnhofstr. 27a, Tel. 708890,
...eunkirchen ....
...tel Stumpf ⓒⓒ, Zeilweg 16, Tel. .... PLZ: 74867, Tel. +49 (0) 6262
...uhotel Theuerweckl ⓒ, Finkenhof 1, Tel. 9732, www.heuhotel-theuerweckl.de
...wetzingen ....
...r Post Hotel Garni ⓒⓒⓒ, Schlossstr. ... PLZ: 68723, Tel. +49 (0) 6202
... Altavilla ⓒⓒ, Dreikönigstr. 8, Tel. 27770, www.adler-post.de
... Villa Bassermann ⓒⓒ, Bahnhofanlage 6-8, Tel. 978890,
...v.villa-bassermann.de
...n Brenner ⓒⓒ, Kleine Krautgärten 5, Tel. 93170, www.pensionbrenner.de
... Gasthof Mainzer Rad ⓒⓒ, Marktplatz 4, Tel. 4524,
...ma-hd-mainzer-rad.de
...n Theater ⓒⓒ, Hebelstrasse 15, Tel. 10028,
...egebrueckl-hotel-am-theater.de
.... PLZ: 74889, Tel. +49 (0) 7261

Kurpfälzisches Museum der Stadt Heidelberg

Das Kurpfälzische Museum der Stadt Heidelberg beherbergt kunst- und kulturhistorische Sammlungen. Es vermittelt ein ausgezeichnetes Bild der ehemaligen Kurpfalz und der Stadt vom Mittelalter bis ins 20. Jh. Gemäldeabteilung, Archäologische Abteilung, Graphische Sammlung, Abteilung Kunsthandwerk und vieles mehr.
Hauptstraße 97, 69117 Heidelberg,
Tel. 0622158–34020,
www.museum-heidelberg.de

Schloss und Schlossgarten Schwetzingen

Schloss Schwetzingen diente den pfälzischen Kurfürsten Karl Philipp und Karl Theodor als Sommerresidenz. Berühmt ist der im 18. Jh. angelegte Schlossgarten. Jährlich finden im Schloss die Schwetzinger Festspiele und alle zwei Jahre das Lichterfest statt.
Schloss und Schlossgarten Schwetzingen, 68723 Schwetzingen,
Service-Center Tel. 06221-65888-0
www.schloss-schwetzingen.de

Vier-Burgen-Eck

Das Vier-Burgen-Eck in Neckarsteinach besteht aus vier mittelalterlichen Burgen, die sich rund um die Neckarschleife erheben. Dieses in Deutschland einmalige Ensemble, das Neckarsteinach den Beinamen Vierburgenstadt eintrug, entstand zwischen 1180 und 1260.
www.neckarsteinach.com

> Kinder und Familien

Königstuhl

Von Heidelbergs Hausberg südlich des Neckars öffnet sich ein eindrucksvoller Panoramablick über die Rheinebene. Auf dem Gipfel befindet sich Gastronomie, die Falknerei Tinnunculus und das Märchenparadies, ein kleiner Freizeitpark. Ein besonderes Erlebnis ist die Fahrt mit der Bergbahn auf den Königstuhl. Vom Kornmarkt aus fährt die untere Bergbahn über die Station Heidelberger Schloss zur Umsteigestation Molkenkur, von dort die älteste Bergbahn Deutschlands auf den Königstuhl.
Heidelberger Straßen- und Bergbahn GmbH,
Kurfürsten-Anlage 42–50,
69115 Heidelberg,
Tel. 06221-513-2150,
www.bergbahn-heidelberg.de

Neckarwiese

Die Neckarwiese im Heidelberger Stadtteil Neuenheim bietet eine der schönsten Heidelberger Aussichten auf Neckar, Altstadt und Schloss. Dort gibt es einen für alle Altersstufen interessanten Wasserspielplatz und an der Uferstraße bei der Theodor-Heuss-Brücke einen Bootsverleih.

Zoo Heidelberg

Der Zoo im Neuenheimer Feld ist parkartig angelegt. Regelmäßig finden besondere Aktivitäten für Kinder und Jugendliche statt. Ganz in der Nähe neben der Medizinischen Klinik liegt der Botanische Garten (www.botgart.uni-hd.de) der Universität Heidelberg.
Tiergartenstr. 3, Heidelberg,
Tel. 64 55 10,
www.zoo-heidelberg.de und
www.initiaive-zooerlebnis.de

ALLES AUSSER WANDERN

Auto- & Technikmuseum Sinsheim
Überschall-Flugzeug Concorde und die TU-144, Oldtimer, Motorräder, Formel 1, Sportwagen, Rekordfahrzeuge, Landtechnik, Lokomotiven, Nutzfahrzeuge, Militärgeschichte, IMAXX 3D Filmtheater.
Eberhard-Layher-Straße 1,
74889 Sinsheim,
Tel. 07261-92990,
www.technik-museum.de

Auto & Technikmuseum Sinsheim.

Erlebnispark Fördertechnik in Sinsheim
Der Erlebnispark, ein Museum, befindet sich direkt neben dem Auto- und Technikmuseum Sinsheim. Er zeigt Ausstellungsstücke aller Entwicklungsepochen des Transportwesens. Die meisten Anlagen und Geräte können in voller Funktion erlebt werden. Außerdem gibt es einen eigenen Kinderbereich.
Erlebnispark Fördertechnik,
Untere Au 4, 74899 Sinsheim,
Tel. 0761-949224,
www.erlebnispark-fördertechnik.de

Mannheim
In Mannheim gibt es etliche lohnende Ziele für einen Familienausflug: u. a. das Planetarium, www.planetarium-mannheim.de; das Landesmuseum für Technik und Arbeit, www.technoseum.de und den Luisenpark, www.luisenpark.de

Der Luisenpark in Mannheim.

Wildpark Schwarzach
Der Wildpark Schwarzach, ein großzügiger Naturerlebnispark im Kleinen Odenwald, beherbergt auf 100.000 qm Fläche über 400 Wild- und Haustiere, vom Zebra bis zum Wildschwein und vom Papagei bis zur Gans, außerdem einen Afrika-Spielplatz, einen Streichelzoo und einen Schaubauernhof.
Wildpark Schwarzach,
Wildparkstraße, 74869 Schwarzach,
Tel. 06262-1734 oder 92 09-0,
www.wildpark-schwarzach.de

Heidelberg ....
Hotelo ⓔⓔ, Czernyring 42-44, Tel. 65
Hotel Kohler ⓔⓔ, Goethestr. 2, Tel. 970097, www.
Hotel Schmitt ⓔⓔ, Blumenstr. 54, Tel. 27296, www.hotel-sch

PLZ: 69117, Tel. +49 (0) 6221
Hemingway's ⓔⓔ, Fahrtgasse 1, Tel. 6560488, www.hemingways-heide
Hotel Zum Pfalzgrafen ⓔⓔ, Kettengasse 21, Tel. 6221-53610,
  www.hotel-zum-pfalzgrafen.de
Hotel Villa Marstall ⓔⓔ-ⓔⓔⓔ, Lauerstr. 1, Tel. 655570, www.villam

PLZ: 69118, Tel. +49 (0) 6221
Gästehaus Endrich ⓔⓔ, Friedhofweg 28, Tel. 801086,
  www.gaestehaus-endrich.de
Hotel Schwarzer Adler ⓔⓔ, Kleingemünderstr. 6, Tel. 7353
  www.adler-heidelberg.de

PLZ: 69121, Tel. +49 (0) 6221
Auerstein Hotel & Restaurant ⓔⓔ-ⓔⓔⓔ, Dossenheim
  Tel. 6499700, www.auerstein.de
Deutscher Kaiser ⓔⓔ-ⓔⓔⓔ, Mühltalstr. 41, Tel. 7149
  www.hotel-heidelberg.de

> Freizeitsportler

Kanu und Klettern
Outdoor Events & Kanuverleih
Neckargemünd,
Tel. 06223 805508
www.hochseilgarten-
neckargemuend.de

Dilsbergblick vom Klettergarten Neckargemünd.

ÜBERNACHTUNGSVERZEICHNIS

€ unter 30 EUR €€ 30 - 60 EUR €€€ über 60 EUR
(pro Pers/DZ/incl. Frühstück)

Eberbach .... **PLZ: 69412, Tel. +49 (0) 6271**
Hotel Altes Badhaus €€, Am Lindenplatz 1, Tel. 9456406, www.altesbadhaus.de
Hotel Zum Karpfen €€, Am alten Markt 1, Tel. 806600, www.hotel-karpfen.com
Hotel Krone-Post Jung €€, Hauptstr. 1, Tel. 806620, www.hotel-krone-post.de

Gundelsheim .... **PLZ: 74831, Tel. +49 (0) 6269**
Hotel zum Lamm €€, Schloßstr. 25-27, Tel. 42020, www.lamm-gundelsheim.de

Heidel.. **PLZ: 69115, Tel. +49 (0) 6221**
...517739, www.hotelo-heidelberg.de
...hotel-kohler.de
...mitt-heidelberg.de

ÜBERNACHTUNGSVERZEICHNIS

PLZ: 69126, Tel. +49 (0) 6221
Diana €€, Rohrbacher Straße 152, Tel. 3191429, www.garnihoteldiana.de
Hotel ISG Heidelberg €€, Im Eichwald 19, Tel. 38610, www.isg-hotel.de
Hotel Rose Heidelberg €€, Karlsruher Straße 93, Tel. 31380,
  www.hotel-rose-heidelberg.com

Hirschhorn .... PLZ: 69434, Tel. +49 (0) 6272
Hotel Zur Krone €€, Hauptstr. 35, Tel. 5130670, www.krone-hirschhorn.de
Schlosshotel Hirschhorn €€-€€€, Schlossstr. 39-45, Tel. 92090,
  www.schlosshotel-hirschhorn.de

Leimen .... PLZ: 69181, Tel. +49 (0) 6224
Hotel Traube €€, St. Ilgener Strasse 7-11, Tel. 9830, www.hoteltraube.com
Hotel Engelhorn €€, Ernst-Naujoks-Str.2, Tel. 7070,
  www.hotel-engelhorn.com
Park-Hotel Leimen €€, Peter-Disegna-Weg 5a, Tel. 7679891,
  www.parkhotel-leimen.de
Hotel Seipel €€, Bürgermeister-Weidemaier-Str. 26, Tel. 9820, hotelseipel.de
Villa Toskana €€, Hamburger Straße 4-10, Tel. 82920,
  www.hotel-villa-toskana.de

Mauer .... PLZ: 69256, Tel. +49 (0) 6226
Gasthof zur Krone-Post €, Heidelberger Straße 1, Tel. 3266,
  www.krone-post-mauer.de

Neckargemünd .... PLZ: 69151, Tel. +49 (0) 6223
Art Hotel €€, Hauptstraße 40, Tel. 862768, www.art-hotel-neckar.de
Hotel Kredell €€, Hauptstraße 67, Tel. 2633, www.hotel-kredell.de
Gasthaus Reber €€, Bahnhofstraße 52, Tel. 8779, www.gasthaus-reber
Gasthof Krone €, Bergstraße 10, Tel. 2453, www.kr

Neckarsteinach ....
Hotel-Pension Necka
  www.neck

Hotel Bär ❷, Hauptstraße 131, Tel. 1580, www.hotel-baer.de
Hotel-Restaurant Ratsstube ❷-❸, Karlsruher Str.55-59, Tel. 9370, www.ratsstube.de
Hotel Wincent ❷, Augrund 2, Tel. 40200, www.wincent-hotel.de

Weinheim .... PLZ: 69469, Tel. +49 (0) 6201

Hotel Goldener Pflug ❷, Obertorstr. 5, Tel. 90280, www.hotel-goldener-pflug.de
Marktplatzhotel ❷, Marktplatz 7, Tel. 640945, www.marktplatzhotel-weinheim.de
Sommer 81 – bed & breakfast ❶-❷, Sommergasse 81, Tel. 508691, www.sommer81.de

Wilhelmsfeld .... PLZ: 69259, Tel. +49 (0) 6220

Pension Sonnenhügel ❶, Bergstraße 76, Tel. 1671, www.pension-sonnenhuegel.net

ORTE / TOURISMUSBÜROS

Bad Wimpfen
Die Stadt war einst mittelalterliche Stauferpfalz, später Freie Reichsstadt und von 1803 bis 1945 eine hessische Exklave. Sie besitzt eines der am besten erhaltenen mittelalterlichen Stadtbilder in Deutschland.
Tourist-Information
Alter Bahnhof
Carl-Ulrichstr. 1
74206 Bad Wimpfen
Tel. 07063-9720-0
www.badwimpfen.de

Dossenheim
Sehenswürdigkeiten und beliebte Ausflugsziele sind der Steinbruch Leferenz, die Burgruine Schauenburg, der Weiße Stein mit Aussichtsturm und Höhengaststätte und der Schwabenheimer Hof mit Schleuse und Biergarten.
Gemeinde Dossenheim
Rathausplatz 1
69221 Dossenheim
Tel. 06221-8651-0
www.dossenheim.de

Eberbach
Bei Spaziergängen entlang der Alten Stadtmauer und vorbei an Wehrtürmen und Fachwerkhäusern fühlt man sich ins Mittelalter zurückversetzt. Im Thalheim'schen Haus, dem ältesten Gebäude der Stadt, befindet sich das Naturpark-Informationszentrum.
Touristinformation Eberbach
Leopoldsplatz 1
69412 Eberbach
Tel. 06271-872-42
www.eberbach.de

Gundelsheim
Die historische Altstadt mit St. Nikolauskirche wird von Schloss Horneck überragt, einst Sitz der Deutschmeister. Im Schloss ist das Siebenbürgische Museum untergebracht, das über Leben, Sitten und Gebräuche der Siebenbürger Sachsen informiert.
I-Punkt im Rathaus
Tiefenbacherstr. 16
74831 Gundelsheim
Tel. 06269-9619
www.gundelsheim.de

Heidelberg
**Tourist Information
am Hauptbahnhof**
Tel. 06221-19433
Fax 06221-142254
touristinfo@heidelberg.de
Öffnungszeiten: 01.04.–31.10.
Mo–Sa 9.00–19.00 Uhr und sonn- und feiertags
10.00–18.00 Uhr.
01.11. bis 31.03. Mo–Sa
9.00–18.00 Uhr
**Tourist Information
im Rathaus**
Mo–Fr 8.00–17.00 Uhr,
Sa 10.00–17.00 Uhr,
www.heidelberg.de

Hirschhorn
Hirschhorn liegt an der Doppelschleife des Neckars. Sehenswert sind das mittelalterliche Stadtbild, die Burganlage mit Schloss, das ehemalige Karmeliterkloster mit gotischer Kirche, sowie die Ersheimer Kapelle.
Tourist Information

ORTE / TOURISMUSBÜROS

Hirschhorn
Alleeweg 2
69434 Hirschhorn
Tel. 06272-1742
www.hirschhorn.de

Ladenburg
Die Geschichte der Stadt Ladenburg reicht bis in keltische Zeit zurück. Ein 74 n. Chr. errichtetes römisches Lagerdorf war die Keimzelle des heutigen Ortes. Die spätmittelalterliche Altstadt zieht viele Besucher an.
Stadtinformation
Dr.-Carl-Benz-Platz 1
68526 Ladenburg
Tel. 06203-922603
www.ladenburg.de

Mosbach
Die Stadt Mosbach kann auf eine über 1.200-jährige Geschichte zurückblicken und besticht durch ihr mittelalterliches Ortsbild mit Fachwerkhäusern aus dem 15. und 16. Jh.
Tourist-Information Mosbach
Am Marktplatz 4
74821 Mosbach
Tel. 06261-9188-0
www.mosbach.de

Neckarsteinach
Die historische Altstadt mit Kirchen, alter Stadtmauer und Nibelungengarten wird von vier 4 Burgen überragt. Geopark-Eingangstor Süd, Infozentrum mit musealem Erlebniszentrum und Eichendorff-Museum
Tourist-Information
Neckarstr. 47
69239 Neckarsteinach
Tel. 06229 -708914
www.neckarsteinach.com

Neckargemünd
An der Mündung der Elsenz in den Neckar liegt die „schöne Nachbarin Heidelbergs" mit den Ortsteilen Dilsberg, Mückenloch und Waldhilsbach. Historische Altstadt mit Museum im Alten Rathaus.
Im Ortsteil Dilsberg: Hochmittelalterliche Bergfeste aus dem 12. Jh. mit fantastischer Aussicht aufs Neckartal (www.burg-dilsberg.de).
Touristinformation
Neckarstr. 19-21
69151 Neckargemünd,
Tel. 06223-3553
www.neckargemuend.de

Schriesheim
Die Altstadt besticht durch historische Gebäude, darunter das Gaber'sche Haus und das Alte Rathaus mit Pranger. Oberhalb der Stadt erhebt sich die Ruine Strahlenburg (13. Jh.) mit Burg-Gasthof. Die Grube Anna-Elisabeth, ein altes Silber- und Vitriolbergwerk, ist heute Besucherbergwerk. Verkehrsverein Schriesheim e.V., Bachschlößl, Talstr. 11a,
69198 Schriesheim,
Tel. 06203-661111,
www.verkehrsverein-schriesheim.de

Schwetzingen
Die Stadt liegt etwa 10 Kilometer westlich von Heidelberg und ist berühmt für ihr Schloss und den Schlossgarten.
Touristinformation Schwetzingen
Dreikönigstr. 3, 68723 Schwetzingen,
Tel. 06202-945875,
www.schwetzingen.de

Sinsheim
Weit über die Stadtgrenzen hinaus bekannt sind das Auto- & Technikmuseum mit der Original Concorde der Air France, die Rhein-Neckar-Arena, Heimat von 1899 Hoffenheim und die Thermen & Badewelt Sinsheim. Stadtverwaltung Sinsheim, Wilhelmstr. 14 – 18, 74889 Sinsheim, Tel. 07261 404-0,
www.sinsheim.de

Weinheim
Zu den Sehenswürdigkeiten Weinheims zählen der Schlosspark, die drei Türme der alten Stadtbefestigung, das Rathaus aus dem Jahr 1557, das ehemalige Kurfürstliche Schloss sowie viele schöne Fachwerkhäuser.
Stadt- & Tourismusmarketing Weinheim e.V.
Hauptstraße 47,
69469 Weinheim,
Tel. 06201-874450,
www.weinheim-marketing.de

Die Markierung des Burgensteigs.

Die Bergbahn auf dem Weg zum Königstuhl.

Überregionale Tourismusbüros

Tourisktikgemeinschaft Odenwald e.V.
Neckarelzer Straße 7, 74821 Mosbach, Tel. 06261-84-1390, www.tg-odenwald.de

Neckarsteig Büro
Neckarelzer Straße 7, 74821 Mosbach, Tel. 06261-84-1386, www.neckarsteig.de

Naturpark Neckartal-Odenwald e.V.
Kellereistr. 36, 69412 Eberbach, Tel. 06271-72985, www.naturpark-neckartal-odenwald.de

Geo-Naturpark Bergstraße-Odenwald e.V.
Nibelungenstr. 41, 64653 Lorsch, Tel: 06251/707990, www.geo-naturpark.de

REGISTER

A
Abenteuerwald • 42
Abtei Neuburg • 43, 44, 45
Apollotempel • 98
Arboretum I • 16, 24

B
Bad Wimpfen • 130, 132
Bahnhof Binau • 121
Bahnhof Dossenheim • 34
Bahnhof Gundelsheim • 130
Bahnhof Mosbach • 124, 126
Bahnhof Neckargemünd • 46, 67
Bahnhof Schlierbach-Ziegelhausen • 68
Bahnhof Weinheim • 94, 96
Bammental • 46, 48
Bärenbrunnen • 65
Bierhelderhof • 24
Bismarckplatz • 16, 19, 27, 29, 69, 72, 76
Bismarcksäule • 78
Bockfelsenhütte • 52, 55, 104
Botanik • 25
Buchbrunnen • 37
Burg Guttenberg • 130, 132
Burg Horneck • 128
Burgruine Reichenstein • 48, 59
Burgruine Stolzeneck • 116
Burgruine Windeck • 94, 96
Burg Schadeck • 51
Burg Steinsberg • 90, 92, 93
Burg Windeck • 95
Bushaltestelle Emmertsgrund • 63

D
Diedesheim • 124
Dilsberg • 50, 52, 53, 54
Dornackerhof • 81
Dossenheim • 32, 76, 79

E
Eberbach • 111, 114
Ehrenfriedhof • 26
Emmertsgrund • 63

F
Fähre Neckarhausen • 73
Felsenmeer • 19
Festung Dilsberg • 106
Freischärlersgrab • 88, 89, 110
Freizeitzentrum Köpfel • 44
Fuchsrondell • 78

G
Gaiberg • 63, 65, 66
Gorxheim • 95
Grein • 88, 89
Gundelsheim • 126, 128, 130
Guttenbach • 118

H
Hammerau • 93
Handschuhsheim • 35, 38
Handschuhsheimer Feld • 38
Heidelberg • 67, 72, 76, 100
Heidelberger Schloss • 100
Heidelberger Stadtwald • 16, 19, 69
Heidelberger Zoo • 72
Heidelberg-Rohrbach • 81
Heiligenberg • 29
Heinsheim • 132
Henschelberg • 124
Herrbach • 105
Hesselbrunnen • 84
Himmelsleiter • 19, 20
Hinterburg • 107
Hirschhorn • 88, 107, 111
Hohen Nistler • 36
Hoher Darsberg • 108
Hohler Kästenbaum • 22

141

REGISTER

Hölderlinanlage • 29, 69
Höllenbach • 79
Homo heidelbergensis • 58, 59

I
Ittlingen • 90, 93

K
Kaltteichhütte • 101
Kirschgarten • 97
Königstuhl • 16, 19, 22, 24, 100
Köpfel • 43, 44
Kottenbrunnen • 32
Kroddeweiher • 38
Kümmelbach • 102

L
Ladenburg • 72, 73
Ladenburg, Bahnhof • 73
Langenzeller Buckel • 54
Langer Kirschbaum • 40
Leferenz-Steinbruch • 34, 79
Leopoldstein • 17
Linsenteicheck • 22
Lochmühle • 52, 54

M
Margarethenschlucht • 120, 125
Mauer • 56
Mausbach • 69
Mausbachquelle • 30
Mausbachwiese • 29
Melacpass • 46
Merkurtempel • 97
Michaelsbasilika • 30
Michaelsberg • 128
Minneburg • 118
Mittelburg • 52
Mosbach • 120, 126

N
Naturschutzgebiet Neckaraue • 73
Neckargemünd • 46, 50, 53, 56, 67, 100, 104
Neckargerach • 117, 120
Neckarkatzenbach • 118
Neckarsteig • 100, 104, 107, 111, 114, 117, 120, 126, 130
Neckarsteinach • 50, 104, 106, 107
Neckarweg • 72
Neckarzimmern • 128
Neuhof • 105
Neunkirchen • 114, 116, 117
Nonnenbrunnen • 53, 54

O
Orangerie • 98

P
Parkplatz Blockhaus • 16
Parkplatz Drei Eichen • 34, 65
Parkplatz Hesselbrunnen • 87
Parkplatz Kreuzschlag • 89, 110
Parkplatz Langer Kirschbaum • 87
Parkplatz Langer Kirschbaum • 42
Parkplatz Rauhe Buche • 36
Parkplatz Schifferdecker • 122
Parkplatz Sommerhälde • 92
Parkplatz Turnerbrunnen • 35
Parkplatz Weiße Hohle • 62
Philosophenweg • 27, 28, 76
Posseltslust • 18, 63, 65
Prinzenbrücke • 66

R
Rainbach • 52
Reihersee • 116
Rohrbach Markt • 81, 83
Rondell-Hütte • 16, 19
Rotes Bild • 89, 110
Ruine Stefanskloster • 30

S
Sandgrube Grafenrain • 58
Sandgrube Grafenrain • 58
S-Bahnhof Eberbach • 113, 114
S-Bahnhof Hirschhorn • 88, 89, 110, 111
S-Bahnhof Ittlingen • 93
S-Bahnhof Neckargemünd-Altstadt • 104
S-Bahnhof Neckargerach • 120
S-Bahnhof Neckarsteinach • 107
S-Bahnhof Sinsheim • 90
S-Bahnstation Haßmersheim • 128
S-Bahnstation Mauer • 56
S-Bahnstation Neckargemünd Altstadt • 102
S-Bahnstation Neckargemünd-Altstadt • 50, 53
S-Bahnstation Schlierbach-Ziegelhausen • 43
Schauenburg • 32
Scheuerberg • 116
Schlossblick-Pavillon • 117
Schlossgarten • 97, 99
Schloss Heidelberg • 16, 19, 100
Schlossplatz, Schwetzingen • 97
Schriesheim • 76
Schriesheim, Bahnhof • 79
Schwabenheim • 72, 73
Schwalbennest • 51
Schwetzingen • 97
Siebenmühlental • 36
Sinnenpfad • 46
Sinsheim • 90
Soldatenweg • 82
Staustufe Rockenau • 116
Stephansklosters • 78
Strahlenburg • 79
Strangwasenbrunnen • 37

T
Teltschikturm • 84, 97
Teufelskanzel • 116
Thingstätte • 78
Turnerbrunnen • 37, 78

V
„via naturae" • 22, 67

W
Wachenburg • 94, 95, 96
Waldhilsbach • 46
Weihwiesenbach • 48
Weinheim • 94
Weiße Hohle • 60, 62
Weißer Stein • 32, 35, 40, 84
Weststadt • 24, 26
Wiesenbach • 46, 48, 56, 58
Wildpark Leimen • 60
Wilhelmfeld • 84
Wilhelmsfeld • 87

Z
Ziegelhausen • 43, 67, 68
Zollstockbrunnen • 30